STEFAN MAIWALD

Engel in 100 Tagen

GOLDMANN

Lesen erleben

Stefan Maiwald

Engel
in 100 Tagen

23 Versuche,
ein besserer Mensch
zu werden

GOLDMANN

Dominika

MIX
Papier aus verantwor-
tungsvollen Quellen
FSC® C014496

Verlagsgruppe Random House FSC-DEU-0100
Das FSC®-zertifizierte Papier *Super Snowbright* für dieses Buch
liefert Hellefoss AS, Hokksund, Norwegen.

1. Auflage
Originalausgabe Januar 2013
Wilhelm Goldmann Verlag, München,
in der Verlagsgruppe Random House GmbH
Copyright © 2012 dieser Ausgabe
by Wilhelm Goldmann Verlag, München,
in der Verlagsgruppe Random House GmbH
Umschlaggestaltung: UNO Werbeagentur, München
Umschlagmotiv: FinePic®, München
KF · Herstellung: Str.
Druck und Einband: GGP Media GmbH, Pößneck
Printed in Germany
ISBN: 978-3-442-15746-4

www.goldmann-verlag.de

Inhaltsangabe

»Da es sehr förderlich für die Gesundheit ist,
habe ich beschlossen, glücklich zu sein.«

Voltaire

Vorwort

Ich halte mich für keinen besonders guten Menschen. Ich lasse mich auf der Autobahn ungern überholen, außerdem fluche ich zu viel. Wenn ich meinen Töchtern am Abend Märchen vorlesen soll, übe ich lieber meinen Golfschwung vor dem Schlafzimmerspiegel, bis die Kleinen aus purer Langeweile einschlafen. Ich bin maßlos, denn ich kann weder eine angebrochene Tafel Schokolade noch eine angebrochene Flasche Wein stehen lassen. Das Internet benutze ich weniger zur Information, als zum Unsinn schauen, zum Beispiel Videos von obskuren Achtzigerjahre-Bands aus meiner Heimat (und meine Heimat heißt Braunschweig, nicht London). Der Weltfrieden ist mir erschreckend egal. Bei der letzten Wahl bin ich nicht einmal zur Abstimmung gegangen, und ich verachte mich dafür, jedenfalls ein klein wenig. Und wie Sie inzwischen höchstwahrscheinlich bemerkt haben, bin ich auch noch ziemlich larmoyant. Kurzum: Ich bin mir nicht sicher, ob ich mich selbst zum besten Freund haben wollte. Immerhin, ich bin unterhaltsam und werde zu geselligen Treffen immer gern eingeladen. Weil ich charmant plaudern und so gut die markante mimische Macke des Gastgebers nachahmen kann, wenn der gerade für Getränkenachschub sorgt.

Generell habe ich öfter schlechte als gute Laune, dabei bin ich gesund und glücklich verheiratet sowie mit zwei entzückenden Töchtern gesegnet, und ich verbringe die Hälfte meines Lebens auf einer italienischen Insel mit sieben Kilometern Sandstrand. Ich bin recht gerade gewachsen und habe noch mein Ersthaar. Aber doch bin ich eher missgestimmt. Und wenn ich in Braunschweig oder München durch die Stadt gehe, sehe ich dort mehr schlecht- als gutgelaunte Menschen. Also geht es den meisten anscheinend wie mir. Warum ist das bloß so? Und: Kann man das nicht einfach mal ändern und dieses Leben freudig und beschwingt angehen?

Die Sache mit dem Engel im Titel dieses Buches, na ja, das Ziel ist vielleicht etwas hoch gegriffen. Aber man muss seine Vorbilder ja gut wählen. Engel sind offene, entspannte und, glaubt man der christlichen Ikonographie, heitere Wesen, die sich nicht allzu viele Sorgen machen müssen und entspannt über den Dingen schweben. Kann man diese Gelassenheit erlernen? Kann man ein cooler, relaxter Kerl werden? Kann ich, als Minimalziel dieser zwischen zwei Buchdeckeln begrenzten Abenteuerreise, zu jemandem werden, den ich selbst ganz okay finde? Jemand, der ein bisschen Liebe in der Welt verbreitet, statt um einen Parkplatz zu streiten[1]?

Ich werde es ausprobieren, und mir ist jede Hilfe willkommen. Selbst der esoterische Weg soll mir recht sein, solange er Wirkung zeigt. Auch ein Placebo hat erwiesenermaßen

---

1 Es ist übrigens verboten, einen Parkplatz »freizuhalten«. Das gilt als gefährlicher Eingriff in den Straßenverkehr bis hin zum Tatbestand der Nötigung.

messbaren Effekt. Ja, ich bin fest entschlossen, mich auf alles einzulassen. Sogar auf Horoskope, auch wenn ich seit Jahren einen Privatfeldzug gegen die Sternbild-Deuter führe.

Meine Welt dreht sich um mich. Ich bin verliebt in meine Kinder, während mir der Nachwuchs meiner Freunde egal ist. Auch das ist wohl ein unfassbar egozentrischer Charakterzug. Und natürlich steckt hinter dem Wunsch, ein besserer Mensch zu werden, ebenfalls etwas ungeheuer Narzisstisches. Aber ich wäre halt lieber ein gutgelaunter als ein schlechtgelaunter Egomane. Vielleicht gehe ich damit meinen Mitmenschen dann etwas weniger auf die Nerven. Es geht einfach darum, mit durchgedrücktem Kreuz in den Spiegel zu schauen und den Menschen darin jeden Morgen mit einem Lächeln zu begrüßen. Oder wenigstens mit verständnisvollem Blinzeln. Dabei will ich nicht Mutter Teresa werden. Wobei die ja sogar ein eher unangenehmer Mensch gewesen sein soll; glaubt man den Biografen, war sie mehr auf Ruhm bedacht als alles andere. Aber nun gut: Bewirkt hat sie zweifellos einiges in dieser Welt.

Anfang 2012 war es dann so weit: Ich gab mir 100 Tage lang Zeit, ein besserer Mensch zu werden. Alle möglichen Strategien probierte ich aus; manches versuchte ich auch gleichzeitig, um keine Zeit zu verlieren. Wichtig war mir bei der Auswahl meiner engelwärts gerichteten Aktivitäten, dass sie jeder andere ebenfalls ausprobieren kann. Morgen oder auch jetzt sofort. Mir erschien es zu leicht und zu schwer zugleich, einen radikalen Schnitt zu machen, meine Habe zu verkaufen und zum Beispiel in Afrika nach Trinkwasser zu bohren – damit hätte ich ein Vorbild werden können und sicher auch ein Buch schreiben. Aber ich möchte hier weder bekehren noch ins Gewissen reden, sondern einfach unterschiedliche Wege ins Glück testen. Und zwar so, dass jeder, der mag, es auch selber ausprobieren kann. Gleich oder später. Und dafür muss man nicht nach Afrika.

Die abenteuerliche Reise ins eigene Ich lockte mich: Was würde ich entdecken? Wäre es möglich, ein klein wenig angenehmer zu werden? Mich für Gottes Personalabteilung zu empfehlen, war ein kühnes Unterfangen. Natürlich, zum Engel wird es nicht reichen. Aber reicht es zum besseren Menschen?

Ich wollte es wenigstens versuchen.

Der Teller ist sehr, sehr leer

Wie gut kann ein Tag sein, der mit einer Tasse grünem Tee beginnt? Heute würde ich es herausfinden, denn heute war mein erster Fastentag. Für ein Schleckermaul, wie ich es bin, hatte ich mir eine herkulische Aufgabe gestellt, denn ich wollte nicht nur auf etwas Koffein oder tierische Fette verzichten, sondern komplett auf feste Nahrung, und das über zehn Tage lang. Die ersten zwei Tage waren immerhin noch Suppe und Obst erlaubt, denn man muss den Körper langsam runterfahren, sonst schaltet er auf »Kriegsgefangenenmodus« um, wie es mir ein erfahrener Heilfasten-Hase mitteilte – er verbrennt dann nur auf Sparflamme, und das wäre ja nicht der Sinn. Harte Kerle schlagen zusätzlich die Einnahme abführender Mittel wie Glaubersalz vor, gesundheitsbewusstere Menschen setzen auf natürliche Verdauungsanreger wie Pflaumensaft. Ich griff zu Letzterem und hätte nicht gedacht, wie eklig ein Fruchtsaft schmecken kann. Schon die tapetenkleistrige Konsistenz ist weder optisch noch oral zu verkraften. Vielleicht lag ja im Verursachen von großer Übelkeit der eigentliche Wert des schrecklichen Getränks.

Natürlich ging es mir beim Fasten nicht ums Abnehmen,

13

sondern eher um die innere Reinigung, das spirituelle Erlebnis, das meditative Element der Reduktion.

Okay, natürlich ging es mir doch ums Abnehmen, jedenfalls auch. Ja, auch wir Männer denken über unsere Figur nach. Ja, es waren eher die Männer, die den Schlankheitswahn einläuteten; das begann schon beim Regenten Dionysios von Syrakus, dem man lange Nadeln in den Bauch stach, um das Fett im Äther verschwinden zu lassen. Erst seit etwa hundert Jahren steht das weibliche Idealmaß derart im Vordergrund, als wäre dies immer schon so gewesen. So scherzte 1923 der britische Diätarzt Cecil Webb-Johnson: »Ein dicker Mann ist ein Witz. Eine dicke Frau ist ein doppelter Witz – zum eigenen Hohn und Spott und auf Kosten ihres Mannes.«

In den Jahrhunderten davor hungerten sich jedoch die Männer auf eine Kriegerfigur herab. Sie ersannen nicht nur zweifelhafte Kuren, sondern probierten sie umgehend an sich selbst aus. Der griechische Arzt Hippokrates etwa verschrieb seinen beleibten Patienten Brechkuren. »Übergewichtige sollten sich in der Mitte des Tages erbrechen, nach einem langen Marsch und vor der ersten Mahlzeit des Tages«, empfahl der Mann, auf den heute immer noch Eide geschworen werden. Brechmittel der Wahl war ein Ysop-Trunk, gewürzt mit Essig und Salz. Sir Thomas Elyot schrieb in dem um 1540 erschienenen Werk »Castel of Helth«, Fleisch sei besser als Fisch, Butter besser als Käse, Früchte seien gar wegen »fauliger Fiebergase« gefährlich.

Der venezianische Kaufmann Luigi Cornaro wandelte sich als 40-Jähriger – also genau in meinem Alter – vom Genießer zum Gesundheitsapostel und veröffentlichte 1558 das Buch »Vom mäßigen Leben und der Kunst, ein hohes Alter zu erreichen«, in dem er nahezu totale Enthaltsamkeit forderte. Sich selbst gönnte der eiserne Konvertit zeitweilig nur einen Eidotter zum Mittag. Es heißt, er wurde 100 Jahre alt. Auch der englische Dichter Lord Byron wollte gern schlank und rank sein, dabei tendierte er zum Übergewicht. Aber mit Hungerkuren und Karl Lagerfeld'schem Willen magerte er zwischen 1806 und 1811 von 88 auf 57 Kilo ab. Gut hat ihm das nicht getan: Er starb 36-jährig, zusätzlich geschwächt durch diverse Aderlässe. Auch andere Schriftsteller suchten die ausgezehrte Silhouette. Franz Kafka, Upton Sinclair und Henry James folgten den Lehren des amerikanischen Gesundheitsfanatikers Horace Fletcher, der unter anderem das exakt 32-malige Kauen jedes Bissens predigte. James bejubelte zunächst den »göttlichen Fletcher«, doch irgendwann wurde es ihm zu viel, und er entwickelte eine »von Ekel gespeiste Abscheu« vor Essen.

Ich begann meine erste Fastenkur mit einem Gewicht von 93,5 Kilo, was für 1,86 Meter ein klein wenig zu viel ist – allerdings fallen mein breites Kreuz und meine überaus schweren Knochen natürlich mit ins Gewicht. Ja, ich sage Ihnen, diese schweren Knochen sind eine Strafe.

Als erste Maßnahme hatte ich eine möglichst weite Distanz zwischen mich und meine italienische Schwiegermutter bringen müssen, denn sie hätte mit ihrem ständigen Rumgekoche jeden Fastenversuch im Keim erstickt. Um ganz sicherzugehen, fuhr ich über die Alpen weit in den Norden und legte eine intensive Bürowoche ein, um mich mit Arbeit abzulenken. Auch konnte ich etwas Energie aus der stillen Bewunderung der Kollegen ziehen, die mich erstaunt beäugten, wenn ich mit meinem Tee durch die Räume schlich.

Was also darf man nach zwei Eingewöhnungstagen beim

Fasten zu sich nehmen? Nur Wasser, Tee und verdünnte Fruchtsäfte. Nichts zu essen ist leichter, als weniger zu essen, hatte ich vor Fastenbeginn im Internet gelesen. Aber Sie und ich, wir wissen: Im Internet steht auch viel Unsinn. Während der erste Tag noch flott vorüberging und ich von mir selbst erstaunt war, dass ich es tatsächlich geschafft hatte, werden die Tage drauf zunehmend zäher. Spaß machte das Ganze beim besten Willen nicht. Das Hungergefühl war dabei nicht das Schlimmste, das verging sogar relativ zügig – es legte sich nur eine entsetzliche Langeweile über die ohnehin schon blei-grauen Wintertage. Ich saß stumpf daheim, trank Kräutertee und spielte Sudoku auf dem Handy. Aufregend, nicht wahr? Ich hatte mir ein paar Bücher zur Seite gelegt, aber die dafür nötige Konzentration brachte ich nicht auf. Meine Energie reichte gerade noch für Monatsmagazine und bald nur noch für RTL II. Die Stunden im Büro blieben der Höhepunkt des Tages. Wer nicht weiß, wie sich Apathie anfühlt, der wird es beim Fasten erleben. Man liegt auf dem Sofa und schaut bald nur noch Verkaufskanäle. Mehr ging einfach nicht. Kurz dachte ich über einen Abbruch nach; es konnte ja nicht Sinn des Experiments sein, komatös daheim zu liegen und bei der eigenen Verblödung zuzusehen.

Die Langeweile schien bei mir direkt aus den Geschmacks-nerven zu wabern; es war, als hätte ich eine Wollmaus im Mund. Die einzige Motivation war bald nur noch die Waage, die verlässlich jeden Tag ein halbes Kilo weniger anzeigte. Man ist übrigens durchaus körperlich leistungsfähig; ich war sogar zwei Mal im Fitnessstudio und hatte keine Probleme, mein übliches Training durchzuziehen. (Vielleicht ist mein übliches Training einfach nicht hart genug?)

Doch am fünften Tag entdeckte ich zwei Strategien, die den Rest der Zeit zum Spaziergang durchs Hungertal werden ließen. Zunächst gönnte ich mir am Abend einen schwarzen Tee mit Vanillegeschmack. Ich freute mich wie ein kleines Kind auf diese abendliche Belohnung und genoss den Parfümtee, wie ich noch nie ein Heißgetränk genossen hatte. Den ganzen Tag über fieberte ich dem Tee entgegen, als wär's ein Rinderfilet mit Ofenkartoffel.

Und noch etwas beflügelte mich: Eines Abends fiel mir eine Kochzeitschrift in die Hände, und ich verschlang sie förmlich wie ein Pornoheft. Tatsächlich war ich danach befriedigt, ja geradezu satt. Ich hatte all die schönen Dinge vor Augen, die ich mir am Ende dieser Leidenszeit kochen würde! Neue Rezepte, die ich ausprobieren würde! Was für eine Welt wartete da auf mich!

Am Ende der zehn Tage war ich bei 88 Kilo angelangt. Das sah nicht nur im Spiegel gut aus, sondern gab meinem Selbstbewusstsein auch einen Schub. Ich hatte endlich mal etwas wirklich konsequent durchgehalten. Beim Fastenbrechen, das wie die Eingewöhnungsphase ebenfalls zwei Tage dauern sollte, wird der Körper wieder langsam an feste Nahrung gewöhnt, zuerst mit Obst und Suppen. Am Abend des zweiten Tages war das Fastenbrechen und damit das Fasten vorbei. Und das zelebrierte ich entsprechend – mit einem großen Schluck Rotwein und einer Tafel Kinderschokolade.

Fazit: *Hey, ich habe es geschafft. Vielleicht bin ich ja doch ein cooler Hund. Gewicht habe ich auch verloren. Und entspannter war ich sowieso. Man hat ja gar nicht mehr die Kraft, sich so richtig aufzuregen.*

Das härteste Fitnesstraining der Welt

Zeit: acht Wochen

Kosten: Fitnessstudio 120 Euro, Lehrbuch »Starting Strength« 44 Euro

Hanteln zum Himmel!

»Körperkraft ist das Wichtigste auf der Welt«, erklärt Mark Rippetoe. »Ich weiß, dass das nicht gut klingt und dass es Menschen gibt, die lieber auf intellektuelle Errungenschaften Wert legen, aber dann sollten Sie mal das Glück auf den Gesichtern dieser Intellektuellen sehen, die bei mir im Studio nach drei Wochen ihr eigenes Körpergewicht im Bankdrücken schaffen.« Mark Rippetoe, der seit 30 Jahren Schwerathleten trainiert, argumentiert mit der Unerbittlichkeit eines alttestamentarischen Gottes. Sein Trainingsprogramm soll in kürzester Zeit zu maximalen Ergebnissen führen. Es besteht aus wenigen Übungen, die den gesamten Körper belasten, allem voran der Kniebeuge, selbstverständlich mit vielen, vielen Gewichten auf der Langhantel. »Die Kniebeuge ist die Methode, die innerhalb von zehn Millionen Jahren der Evolution an den zweifüßigen Körper des Menschen angepasst wurde, um sich selbst dem Boden zu nähern. Und wenn sie durch Gewichte erschwert durchgeführt wird, ist sie die beste aller Möglichkeiten für Stärke, Power, Koordination, Gelenkstabilität, Knochendichte, Selbstvertrauen, Disziplin, Intelligenz und Charme.« *Selbstvertrauen, Intelligenz und Charme.* Braucht es mehr Argumente? Außerdem gefiel mir der Gedanke, am Ende so gestählt auszusehen wie eine anatomische Zeichnung.

Rippetoes Credo: »Ein starker Mensch ist glücklicher als ein schwacher Mensch, denn am Ende gibt es nur eines, was zählt – unser physisches Dasein auf dieser Welt.« Ich mag diese Sätze, denn sie geben mir in ihrer Kompromisslosigkeit die Sicherheit, auf dem richtigen Weg zu sein. Rippetoes Ideen sind radikal anders als die Ihres Fitnessstudios um die Ecke. Er setzt auf wenige knallharte Grundübungen, die mit der Langhantel ausgeführt werden, darunter Kniebeugen, Kreuzheben und Bankdrücken. Er hasst die Maschinen, die mittlerweile in jedem Studio stehen, wie die Pest und hält sie für einen gut geölten Marketing-Trick. Freie Gewichte sind besser, weil sie eine komplexere Bewegung erfordern und immer den ganzen Körper belasten. Sie sind allerdings schwerer verkäuflich, weil auch die Fitnesstrainer gut geschult sein müssen, um zu wissen, wie eine saubere Kniebeuge funktioniert. Sie sind auch gefährlicher, weil man sich mit schweren Gewichten leichter verletzen kann als an einer Maschine, die nur einen isolierten Muskel trainiert und mit allerlei Sicherungen versehen ist. Nach allem, was die Trainingslehre heute weiß, liegt Rippetoe in vielen Dingen richtig – Leistungssportler trainieren nahezu ausschließlich mit freien Gewichten und bevorzugen Übungen, die den ganzen Körper einbeziehen, also auch jene Muskeln, die für die Stabilität zuständig sind und bei Isolationsübungen vernachlässigt werden.

Ich stellte mir mit Hilfe des Rippetoe-Standardwerks »Starting Strength« ein Trainingsprogramm zusammen, das aus ganz wenigen Ganzkörperübungen bestand, die so ziemlich jeden Muskel fordern: Kniebeugen, Kreuzheben, Klimmzüge, Bankdrücken, Schulterdrücken, vorgebeugtes Rudern und Reißen. Bei der Kniebeuge, der Mutter aller Übungen, mit einer gewaltigen Hantel werden ja nicht nur die Beinmuskeln gefordert (die allein schon 50 Prozent unserer Muskelmasse ausmachen), sondern auch die gesamte Rumpfmuskulatur, die Schultern und die Arme. Der ganze Körper kämpft und flucht gegen die Schwerkraft.

Eines ist mal klar: In jedem Fitnessstudio macht man mächtig Eindruck, wenn man nach Rippetoe trainiert. Denn man steht dauernd am sogenannten Power Rack, einem Langhantelständer, an den sich wirklich nur die harten Jungs rantrauen, und schaufelt Gewichtsplatte um Gewichtsplatte auf die Stange. Auch stöhnt und schreit man ordentlich rum, manchmal, weil einem bei der Anstrengung schier die Augäpfel aus den Höhlen schießen, manchmal aber auch (in meinem Fall) aus Todesangst, unter 120 Kilo Eisen begraben zu werden.

Acht Wochen trainierte ich konsequent. Das hatte ich mir zumindest vorgenommen, aber nach zwei Wochen gab es erste Einschnitte im Trainingsplan: Das Reißen, bei dem eine ordentlich mit Gewichten garnierte Langhantel mit einer gewaltigen Hüftstreckung bis auf die Schultern geworfen wird (ein Teil der klassischen olympischen Disziplin Reißen & Stoßen), wurde gestrichen, weil ich einmal dabei fast umfiel und ein weiteres Mal beinahe dem Studiobesitzer, der sich mir unbemerkt schräg von hinten genähert hatte, seine frisch gebleichte Zahnreihe umgeordnet hätte.

Wann immer man ein neues Training beginnt, sieht man die Fortschritte schon in den ersten zwei Wochen. Bei mir allerdings ging es überhaupt nicht voran, weder in den Gewichten noch im Spiegel. Ich blieb bei fünf sauberen Klimmzügen – nach einer Woche, nach zwei Wochen, nach sechs Wochen. Das Problem war offenbar: Wer ausschließlich Ganzkörperübungen macht, hilft sich eben auch mit allen möglichen Muskeln. Obwohl man seine Kraft jede Woche um 2,5 Prozent steigern können soll, verharrte ich bei meinen alten Bestleistungen. Die Sache hatte einen Haken: Ganzkörperübungen sind technisch extrem anspruchsvoll. Ich hatte einmal das Vergnügen, Gewichtheber von nationalem Rang beim Trainieren zuzusehen. Dort wird mit Videoanalysen in Superzeitlupe gearbeitet, nicht nur mit dumpfem Stemmen. Ich bekam von Mal zu Mal mehr Angst, mich ernsthaft zu verletzen, weil ich die Übungen womöglich falsch ausführte. Und beim Kreuzheben mit 140 Kilogramm möchte ich schon gern wissen, ob ich die richtigen Muskeln belaste oder gerade die Abnutzung meiner Lendenwirbel beschleunige.

Seltsam auch: Ich fühlte mich insgesamt nicht besser. Ich fühlte mich weder besser nach dem Aufwachen noch beim Schlafengehen, und vor allem fühlte ich mich während des Trainings im Fitnessstudio nicht besser. Ich malte mir ständig übelste Quetschwunden an den schmerzempfindlichsten Stellen meines Körpers aus und sehnte mich nach den idiotensicheren Maschinen zurück.

Ich wollte dem Fitnessstudio noch eine Chance geben, denn ich gestehe, dass mir das Ambiente gefiel: konzentrierte, in sich selbst versunkene und auch ein wenig in sich selbst verliebte Menschen. Und alle waren sehr freundlich miteinander. Aber Rippetoe – das wurde mir in allen Belangen zu unsicher. Er empfiehlt ja auch zwei »Spotter«, die einem bei jeder Übung assistieren und im Zweifelsfall bei den letzten Bewegungen helfen. Ich wollte aber niemandem zumuten, zwei Stunden lang neben mir zu stehen, auf meine Bewegungen zu achten und von meinen Schweißwölkchen parfümiert zu werden.

Nach acht Wochen ließ ich die letzte schwere Hantel auf den Ständer zurückknallen, und dieser letzte, ultimative metallische Knall, der quer durchs Studio hallte und in meinem Kopf noch Tage nachklang, hatte dann doch etwas sehr, sehr Befriedigendes.

 Fazit: *Es reichte nicht für die ganz schweren Übungen. Das deprimierte mich zwar, aber zumindest den Optimismus von Rippetoe wollte ich künftig mitnehmen.*

Keuchend durch Postkartenlandschaft

Ich halte Laufen für keinen Sport. Ich weiß, es ist eigentlich der Ursport des Menschen. Unsere Vorfahren waren gehetzte Wesen, immer auf der Flucht vor dem Höhlenbär oder der Mammuthorde hinterher. Angeblich sind wir noch heute in der Lage, in Lebensgefahr zwölf Minuten in hoher Geschwindigkeit am Stück zu laufen, wobei ich nicht glaube, dass diese Zeitspanne für alle Exemplare Mensch gelten kann, die mir so in der Fußgängerzone begegnen.

Ich halte Laufen für keinen Sport, weil ich eine Menge Leute in meinem Umfeld kenne, die genau das tun, und es sind einfach keine Sportler. Sie laufen, um ihren Körperfettanteil zu reduzieren, oder sie laufen, um sich ein Kaloriendefizit aufzubauen, das sie am Abend mit Schokoladenkuchen wieder auffüllen können wollen. Sie laufen vielleicht auch, weil es alle tun. Und sie laufen, um auf Facebook ihre gelaufenen Kilometer mitteilen zu können. Laufen ist eine solitäre, merkwürdige Freizeitbeschäftigung, der, im Gegensatz zum *Sport*, wie ich ihn definiere, das Spielerische, Kreative, das Mit- oder auch Gegeneinander gänzlich fehlt.

Dennoch wollte ich es versuchen. Denn Läufer berichten immer wieder von Selbstvergessenheit und rauschhaften Zuständen, von in Endorphin getränkten Körpern, von der tiefen Befriedigung nach einer Runde durch den Park. Man mag das alles gar nicht glauben, wenn man diese ausgezehrten Marathon-Menschen so sieht; sie lächeln selten, und wenn, dann werfen ihre hageren Gesichter viele Falten und verleihen ihnen etwas Fratzenhaftes.

Gespannt auf eigene Erfahrungen stellte ich mir mit Hilfe eines erfahrenen Langstreckenläufers einen Plan zusammen, der in der ersten Woche vier kürzere Einheiten von zehn bis zwölf Minuten vorsah, immer wieder unterbrochen von Gehperioden, sobald ich außer Atem kommen würde. Das klappte recht gut, und in der zweiten Woche konnte ich schon zehn Minuten am Stück laufen, ohne Gehpause. Meistens lief ich im kühlen, sonnigen Winter am Strand von Grado entlang. Manchmal musste ich Slalom um die Spaziergänger laufen, und immer, wenn ich schnaufend ein älteres Ehepaar überholte, konnte ich förmlich im Nacken spüren, wie sie den Kopf schüttelten über meinen eifrigen Aktionismus.

Dann kam Ende Januar 2012, Sie erinnern sich, der brutale Wintereinbruch in Europa mit zweistelligen Minustemperaturen und an der nördlichen Adriaküste noch garniert mit der Bora, dem Ostwind, der völlig außer Rand und Band wütete. An Training im Freien war nicht zu denken. Aber ich war auf einem guten Weg und wollte dranbleiben, also ging ich im Fitnessstudio aufs Laufband. Erstaunlicherweise gefiel mir diese Alternative sehr, ich mochte es auf dem Laufband mehr als in der freien Natur. Denn erstens muss man weder Hundehaufen noch ihren Verursachern ausweichen, die oft genug ausgesprochenen Appetit auf leicht verstörte Jogger zu haben scheinen. Hunde sollen ja Angst riechen können, und es hilft nichts, seine Schweißausbrüche zu unterdrücken zu versuchen, weil Hunde bekanntlich ganz scharf darauf sind. Die übliche Beschwichtigung des Besitzers »Der will nur spielen« beruhigt bei einer heranstürmenden Dogge mit geifernden Lefzen nur unzureichend. Auch die Behauptung, dass Hunde, die bellen, nicht beißen, ist nur teilweise belegt: Sie tun es zumindest nicht gleichzeitig, wie schon Otto Waalkes feststellte. (Was ist aus dem eigentlich geworden?) Zweitens hat man auf dem Laufband einen echten Gegner: die Digitalanzeige. Ich stehe auf diesen Leuchtkram, den man übers Limit pushen will – zehn Minuten, zwölf Minuten, 15 Minuten, 20 Minuten, 22 Minuten. Ja, tatsächlich, ich schaffte am Ende der dritten Woche 22 Minuten am Stück bei 10 km/h Bandgeschwindigkeit. Das fühlte sich gut an, zugegeben.

Als ich die vierte Woche im Freien lief, dick eingepackt und mit motivierender Musik im Ohr, schaffte ich in langsamem Trab an zwei Tagen aufeinander eine halbe Stunde. Wow! Als ich daheim ankam, glühte mein ganzer Körper. Es war kein Schweiß, es war einfach ein ganz merkwürdiges Bewusstsein meiner physischen Präsenz im Raum. Ein wirklich überragendes Gefühl.

War ich jetzt so weit? War ich Läufer geworden? Nein, es geschah etwas Merkwürdiges: Nach dieser beinahe metaphysischen Erfahrung brach meine Motivation schlagartig ein. Ich lief noch zwei Mal am Strand, und es war eine Höllenqual, nicht nur physisch, sondern auch geistig. Dieses Herumgekeuche kam mir auf einmal wieder so *albern* vor – genau so, wie ich es schon vor dem Experiment empfunden hatte. Auf euphorisch stimmende Endorphine wartete ich vergeblich, die hatten es sich wohl längst vorm Kamin gemütlich gemacht. In der fünften Woche versuchte ich es noch ein paar Mal auf dem Laufband des Fitnessstudios. Vergeblich.

Boris Becker hat in seinem Leben wahrscheinlich viel Unsinn gesagt (und getan), aber auch einen schönen Satz: »Ich laufe nicht gern, ich bin zu schwer.«

Ja, vielleicht ist es das. Ich bin zu schwer. Meine tiefsitzende Aversion gegen diese uncoole Fortbewegungsart konnte ich leider nicht überwinden.

Liebe Läufer, lauft doch einfach schon mal vor. Ich warte hier auf euch.

Fazit: *Ich bin eher Flaneur als Schnappatmer. Nichts für mich, obwohl ich es immerhin vier Wochen durchgehalten habe. Das ist ja auch schon mal gut fürs Selbstbewusstsein.*

Rat vom größten aller Dichter

Was ist Glück? Wie lebe ich aufrichtig? Wenn einer Antworten auf die ganz großen Fragen des Lebens geben kann, dann doch wohl der größte aller Dichter. Ich war ihm bislang noch nie begegnet, denn ich bin ein Kind der Siebzigerjahre. Diese permissive Ära hatte eine Menge guter Seiten, aber in Sachen Bildung ging es seit dieser Zeit rapide bergab. Generationen vor uns konnten Schillers »Glocke« auswendig aufsagen, wir analysierten *Bild*-Schlagzeilen. Ein weiteres deprimierendes Beispiel: Ich hatte von der fünften Klasse bis zum Abitur Englisch, darunter die letzten zwei Jahre Leistungskurs, insgesamt neun Jahre. Ich habe in diesen neun Jahren in der Schule keine einzige Zeile von William Shakespeare gelesen, dafür sozialkritische Reportagen und dauernd den Arbeiterdichter Allan Sillitoe, und auch den nur in Auszügen. Noch ärger erwischte es eine Freundin von mir, die im Englisch-Leistungskurs »Winnie-the-Pooh« von A. A. Milne las, weil Winnie ja, ähnlich wie »Der Kleine Prinz« von Saint-Exupéry, von *so ungeheurem Tiefgang* sei. Im Deutschunterricht hatte ich das zweifelhafte Glück, von der siebten bis zur 13. Klasse auf einen Lehrer zu treffen, der sich als Experte für die Deutsche Romantik aufspielte, so dass wir zweieinhalb Schuljahre mit Novalis und der Jagd nach der blauen Blume verbrachten. Seitdem entsichere ich mein Luftgewehr, wenn ich den Begriff »Romantik« höre. Wir lasen irgendwann auch mal Goethes Werther, allerdings erinnere ich mich noch, dass wir im Reclam-Heft auf einer Seite alle positiven Naturbezüge unterstreichen mussten (»heller Himmel«), auf einer weiteren Seite, wo es Werther gerade ordentlich dreckig ging, alle negativ konnotierten Erwähnungen der Natur (»Schauerwolken«).

Bei Shakespeare sieht es noch düsterer aus. Ich kenne den adretten Hollywood-Film »Shakespeare in Love« mit irgendeinem bärtigen Typen und Gwyneth Paltrow, den Totenschädel und Hamlet sowie das Zitat »Sein oder Nichtsein, das ist hier die Frage«. Viel mehr kenne ich auch nicht. Irgendwann einmal habe ich eine moderne Bühnenversion von »Romeo und Julia« gesehen, mit Nazikostümen und dem ganzen Quatsch, und ich kann mich nur noch an das völlig unglaubwürdige Dahinscheiden der Liebenden erinnern. Und ein tolles Zitat kenne ich: »The robbed who smiles steals something from the thief.« Das ist allerdings ein ganz, ganz starker Satz. Seit Monaten warte ich darauf, dass mir jemand mein rostiges Fahrrad klaut, damit ich diesen Satz endlich auf Facebook posten kann.

Goethe oder Shakespeare, wer macht mich zum besseren Menschen? »Goethe trägt Konflikte oft im Inneren der Figuren aus, Shakespeare hetzt seine Handelnden aufeinander«, erzählt mir ein Doktor der Germanistik, der lieber unerwähnt bleiben will, weil er um seine Reputation fürchtet. Goethe sei eher der Experte für zwischenmenschliche Beziehungen, während es bei Shakespeare oft genug um Leben und Tod gehe – um die großen Fragen und mögliche Antworten, ums Ganze eben.

Aber fragen wir doch direkt einmal bei einem der Giganten nach, nämlich bei Goethe. Er äußerte sich 1771 zu Shakespeares Werk folgendermaßen: »Die erste Seite, die ich in ihm las, machte mich auf zeitlebens ihm eigen, und wie ich mit dem ersten Stücke fertig war, stund ich wie ein Blindgeborener, dem eine Wunderhand das Gesicht in einem Augenblicke schenkt. Ich erkannte, ich fühlte aufs lebhafteste meine Existenz um eine Unendlichkeit erweitert, alles war mir neu, unbekannt, und das ungewohnte Licht machte mir Augenschmerzen. Nach und nach lernt' ich sehen, und, Dank sei meinem erkenntlichen Genius, ich fühle noch immer lebhaft, was ich gewonnen habe.«

Eine verlockende Aussicht, die ich allzu gern teilen wollte. Die Frage ist natürlich, was mir von dem Mammutvorhaben, Shakespeares gesammelte Werke zu lesen, am Ende bleiben würde. Gern merke ich mir beim Lesen die abseitigsten Sachen. Ich weiß noch, dass mir von Milan Kunderas »Die unerträgliche Leichtigkeit des Seins« exakt ein Satz bis heute in Erinnerung geblieben ist: »Tschechische Männer pinkeln in Waschbecken«, so in etwa lautete dieser Satz. Daran muss ich immer denken, wenn ich einem Tschechen begegne.

Shakespeares von Wilhelm Schlegel und Ludwig Tieck übersetzte Gesamtausgabe in der preiswerten Ausgabe des Aufbau Verlags besteht aus vier Büchern à 900 Seiten. Das erste Buch versammelt die Komödien. Leichte Muse zum Einstieg? Dazu sollte man wissen, dass Komödie und Tragödie sich bei Shakespeare allein darin unterscheiden, dass in der Komödie die Hauptpersonen am Ende nicht sterben.

Das Abenteuer beginnt mit »Die beiden Veroneser« – gut, ein recht amüsanter, leicht verdaulicher Beginn. »Der Widerspenstigen Zähmung« – na ja, ich habe gelernt, dass man seine Frau rabenschlecht behandeln muss, um ihren Willen zu brechen. »Stille Frau, glückliches Haus«, wusste ja auch schon Laotse. Meine Frau kann über solche Weisheiten nur milde lächeln. Der »Sommernachtstraum« – ah ja, den kenne ich schon dank gesunder Halbbildung. Aber ihn zu lesen, ist ziemlich schwierig. Überhaupt: Das Lesen eines Bühnenstücks erweist sich als viel kniffliger, als ich es mir vorgestellt hatte. Man muss die Regieanweisungen mitlesen und sich die Bühne im Kopf aufbauen. Ja, das muss man auch beim Roman, aber während man beim Lesen eines Romans eher friedlich auf der erzählerischen Welle schwimmt und sich auch mal ein paar Minuten treiben lassen kann, ist bei der Lektüre eines Theaterwerks volle Konzentration nötig. Ich hatte Schwierigkeiten. Zumal Shakespeare das Wechselspiel liebt. Besonders verwirrte mich die »Komödie der Irrungen«, die ich zwar las, aber bald nur noch um Sinn und Zusammenhang ringend Wort für Wort abscannte – Zwillingsbrüder, die beide denselben Namen tragen (Antipholus), mit Dienern, die ebenfalls Zwillinge sind und auch beide denselben Namen tragen (Dromio) – nein, vernünftig lesen lässt sich das Stück nicht.

Und die Tragödien? Es beginnt für mich mit einem Tiefschlag: »Titus Andronicus«, ein frühes Drama Shakespeares. Er wollte da ganz offenbar ordentlich auf den Putz hauen. Bereits auf Seite zwei wird ein gefangener gotischer Königssohn auf unsägliche Weise hingerichtet. Erst wird er verstümmelt, dann ausgeweidet, dann verbrannt. Und natürlich vor den

Augen seiner Mutter. Das ist einfach nichts für Sensibelchen wie mich.

»Romeo und Julia« – natürlich, die berühmteste Liebesgeschichte der Welt ist bekannt, und ich stand sogar schon zwei Mal unter Julias vollgeschmiertem Balkon in Verona. Shakespeare präsentiert jede Menge allgemeine Erkenntnisse in Dialogform, bevor das Stück nach der dramatisch kunstvollen Verkettung unglücklicher Ereignisse in dem unwahrscheinlichsten Ende der Theatergeschichte mündet – die beiden Liebenden halten einander für tot und begehen aus Kummer darüber Selbstmord. Das ist fast so merkwürdig wie Aigeus, der König von Athen, der sich verzweifelt ins Meer stürzte, weil er seinen Sohn Theseus, den Sieger über den Minotaurus, tot glaubte, schließlich waren bei der Rückkehr der Flotte schwarze Segel gesetzt. Ich meine: Junge, hättest du nicht noch die zehn Minuten warten können, bis die Schiffe angelegt haben? Aber natürlich bezaubert Julia mit jugendlicher Frische und schenkt der Welt Zitate, die noch heute vertraut klingen: »Was ist ein Name? Was uns Rose heißt, Wie es auch hieße, würde lieblich duften«, ihr geseufztes »Ihr küsst recht nach der Kunst« und, wiederum zu ihrem Liebhaber: »Willst du schon gehn? Der Tag ist ja noch fern. Es war die Nachtigall und nicht die Lerche, die eben jetzt dein banges Ohr durchdrang.« Schön, aber was kann ich von diesen wunderbaren Gestalten nun lernen? Leidenschaften sind tödlich. Das ist nicht das, was ich hören wollte.

Und so, ich muss es zugeben, wurde das Weiterlesen für mich zur Fleißarbeit. Ich las den »Hamlet« und auch »Othello«, »Viel Lärm um nichts« und »Wie es euch gefällt« und die Historiendramen um Richard und Heinrich und schließlich sogar die Sonette, aber ich las es anders, als ich es mir vorgestellt hatte, nicht mit offen stehendem Mund. Doch den absoluten Höhepunkt des Shakespeare-Lesemarathons hatte ich mir bis zum Schluss aufgehoben, zurecht wie sich herausstellte, ich wurde nicht enttäuscht: »Julius Cäsar«. Hier verstand ich die ganze Genialität Shakespeares, der mit zwei, drei Sätzen die große Weltgeschichte umreißt. Zufälligerweise hielt ich Julius Cäsar auch vor der Lektüre bereits für eine der faszinierendsten Gestalten in der Geschichte der Menschheit. Wahrscheinlich waren die noblen Uderzo-Zeichnungen des hakennasigen Cäsar bei Asterix & Obelix ein erster Heißmacher (später sollte ich erfahren, dass der große Feldherr sehr unter seinem schütter werdenden Haupthaar litt und keinen prächtigen Lockenkopf hatte wie bei Asterix). Jedenfalls bin ich Fanboy, und eines meiner aktuellen Lieblingsbücher ist von Martin Jehne und trägt den bizarren Titel »Der große Trend, der kleine Sachzwang und das handelnde Individuum: Cäsars Entscheidungen« (dtv). Ja, so etwas lese ich am Strand. Es ist ein wirklich fesselndes Werk. Und nun war ich mit den handelnden Personen bestens vertraut, wenn auch die Deutung, dass Cassius der durchtriebene Bösewicht gewesen sein soll und Brutus hin- und hergerissen, schließlich aus aufrichtigem Altruismus gehandelt habe, im Stück etwas eigentümlich begründet wird: »Wär er nur fetter«, sagt, laut Shakespeare, Cäsar über Cassius. »Lasst wohlbeleibte Männer um mich sein, mit glatten Köpfen, und die nachts gut schlafen: Der Cassius dort hat einen hohlen Blick. Er denkt zu viel: Die Leute sind gefährlich.« Der wiederum sagt: »Wer eilig will ein mächtig Feuer machen, nimmt schwaches Stroh zuerst.« Fantastisch.

Helden sterben, Bösewichter triumphieren, Menschen sind hin- und hergerissen; sie wollen das Gute und schaffen nur Leid. Nein, Shakespeare gibt keine Antworten, sondern nur tiefere Einblicke ins menschliche Dasein. Ich bin stolz darauf, dass ich Shakespeares Gesamtwerk, in meiner Ausgabe immerhin 3600 Seiten, tatsächlich komplett gelesen habe. Keine leichte Aufgabe. Und am Ende, um mal einen anderen großen Dichter zu zitieren, bin ich so schlau als wie zuvor.

Ich habe natürlich auch, wie befürchtet, meine Milan-Kundera-Waschbeckenpinkler-Stelle bei Shakespeare gefunden, eine Stelle, die mir immer in Erinnerung bleiben wird. In »Romeo und Julia« trägt einer der Bediensteten im Hause der Capulets (der keine Sprechrolle hat) in der Übersetzung den Namen »Schmorpfanne«. Das werde ich ganz sicher behalten.

Fazit: *Wenn ein belesener Mensch auch ein besserer Mensch ist, bin ich sicher einen Schritt vorangekommen. Außerdem habe ich ein paar gute Zitate gesammelt, die ich mir merken möchte, um sie bei Gelegenheit ins Gespräch einfließen zu lassen.*

Karate

Zeit: Wer's ernsthaft angehen will, sollte ein paar Jahre dabei bleiben (drei mindestens bis zum Schwarzen Gürtel)

Kosten: rund 25 Euro pro Monat

Der Weg der leeren Faust

Ich hatte eine merkwürdige Jugend, denn einerseits hatte ich schnell kapiert, dass man seine Chancen bei den Mädchen gewaltig steigert, wenn man sich eine intellektuelle Aura zulegt. Andererseits war ich als 14-Jähriger in die Fänge einer üblen Clique der Braunschweiger Weststadt geraten, einer wirklich harten Gang aus Gesamtschülern ohne erkennbaren scholastischen Ehrgeiz und anderen Jungen, die überhaupt gar keine Schule mehr besuchten und zu unseren Cliquentreffen ihre älteren Brüder mit Vollbart mitbrachten.

Diese Polarität führte dazu, dass ich mit 15 sowohl mit Klappmesser und Wurfsternen (sogenannten Shuriken, inzwischen verboten) umgehen als auch Hermann Hesse zitieren konnte – beides ausgesprochen nutzlose Fähigkeiten.

Ich war natürlich immer zu feige, eine ernsthafte Schlägerei zu riskieren oder etwas wirklich Kriminelles zu tun. Das erste Mal, als ich so etwas wie gesunde Wettkampfhärte zeigte, war im Münchner Hofbräuhaus, mit einem Bierkrug in der Hand, aber das ist eine andere Geschichte. Mitte der Achtzigerjahre hing ich also mit der Weststadtclique auf dem Braunschweiger Schützenfest akkurat am Autoscooter herum und blickte abschätzig mit meinen Kumpels aus allen damals zwischen Harz und Heide verfügbaren Ethnien auf die vorbeischlendernden Pärchen, die ihre Schritte beschleunigten, wenn sie uns sahen – um dann mit der Linie 18 nach Hause Richtung Watenbüttel zu fahren, Debussy am Klavier zu üben und die Französisch-Hausaufgaben für Herrn Heidrich am Gymnasium Martino-Katharineum zu erledigen. Als wäre es nicht genug der Zerrissenheit in ohnehin fragilen pubertären Zeiten, spielten einige Klassenkameraden von mir Hockey und nahmen mich öfter zu ihren Partys mit. Hockeyspieler waren eindeutig der Braunschweiger Teenie-Jetset, begüterte und pickellose Kinder aus bestem Haus, denen die Welt offenstand. Die wunderschönen Hockey-Mädchen waren damals unerreichbare Göttinnen. Natürlich, nun sind sie gefangen in ihrem unaufregenden Leben mit ihren Wirtschaftsanwälten in den Neubaugebieten der Vorstädte. Ach, was hätte aus mir und ihnen werden können.

In etwas sanfteren Cliquenmomenten diskutierten wir die neuesten Moves von Bruce Lee, dessen Filme ich auf VHS in einem regelrechten Schrein aufbewahrte. Für die Internet-Generation, die nichts mehr kennt, was älter als zwei Tage ist: Bruce Lee war der einzige, der es mit Chuck Norris aufnehmen konnte. Und er war mein Gott. Weil es noch kein Copy & Paste gab, schrieb ich sein komplettes Buch über den von ihm entwickelten Kampfstil Jeet Kune Do mit Füllfederhalter und auf Linienpapier ab – mein erstes schriftstellerisches Handwerksstück. Im Braunschweiger Kraftsportcenter Budokan (damals wie heute Schöppenstedter Straße 20) lernte ich Karate, schaffte mit Ach und Krach den Gelben Gürtel und nahm zusätzlich Kickbox- und Jiu-Jitsu-Unterricht. Man kann in meinem Fall nicht von einer erfolgreichen Kampfsportkarriere sprechen, obwohl ich mit viel Begeisterung dabei war: Am Martino-Katharineum lernte ich sogar Japanisch. Ich gehörte zur ersten Schulklasse Deutschlands, die in dieser Sprache unterrichtet wurde, denn in den Achtzigerjahren war man ja fest davon überzeugt, die Japaner würden bald die Weltherrschaft übernehmen. Rückblickend wären Chinesisch-Stunden wohl vorausschauender gewesen, aber nun ja.

Jetzt wollte ich Karate eine zweite Chance geben, immerhin kannte ich, zumindest in der Theorie, die meisten Techniken schon. Viele der Katas, die fest vorgeschriebenen Choreographien, hatte ich einst mit so viel Fleiß eingeübt, dass ich einige Schrittfolgen noch immer beherrsche.

Wie konnte ich mein Karate-Wissen als mittlerweile 40-Jähriger und auf möglichst unkompliziertem Weg wieder auffrischen, ohne mir in einer Turnhalle in der guten alten Asbest-Bauweise von 17-Jährigen mit ungewaschenen Füßen ins Gesicht treten lassen zu müssen? Ich fand erstaunlich schnell die perfekte Lösung. Aber zunächst ein paar Worte zur Geschichte dieser faszinierenden Kampfkunst, die mir immer noch sehr am Herzen liegt. Karate beruft sich wie fast alle Kampfsportarten auf den buddhistischen Mönch Daruma Taishi, der vor rund 1500 Jahren in einem Shaolin-Kloster in China die dortigen Mönche in Selbstverteidigung unterrichtete. Karate in seiner heutigen Form ist allerdings japanischen Ursprungs und auf der Insel Okinawa entstanden, wo es Jahrhunderte lang hoch herging. Aufstände, Unruhen und Revolutionen waren so häufig wie der Wechsel der Jahreszeiten. Im Jahr 1422 wurde es dem König Sho Hashi zu bunt: Um die aufständische Bevölkerung zu befrieden, verbot er das Tragen jeglicher Waffen, aber die Rebellen schulten sich daraufhin in waffenlosen Kampftechniken weiter. 1609 wurde nach einer Invasion der Shimazu-Fürsten das Waffenverbot noch einmal verschärft; bei der »Jagd nach Schwertern« wurden Dolche, Messer und jegliche Klingenwerkzeuge systematisch eingesammelt. Jedes Dorf durfte nur noch ein einziges Küchenmesser besitzen, das mit einem Seil am Dorfbrunnen befestigt und streng bewacht wurde.

Das konsequente Waffenverbot sollte Unruhen und bewaffnete Widerstände gegen die neuen Machthaber unterbinden, stattdessen führte der völlige Mangel an Polizei und Besatzerwillkür zu einem erneuten Boom des Kampfsports. So hatten die Samurai das verbriefte Recht, die Schärfe ihrer Schwerter an jedem Bauern zu »testen«. Irgendwie logisch, dass die Bauern sich dagegen zur Wehr setzen wollten.

Ganz so schlimm sind die Zeiten heute nicht mehr, aber unangenehme Situationen kennt wohl jeder von uns. Die Gewissheit, sich nötigenfalls wehren zu können, entspannt durchaus ungemein. Zumal dann, wenn man in München täglich genau jene S-Bahn benutzen muss, die zwischen Mitte September und Anfang Oktober Horden enthemmter Männer ohne Schmerzempfinden zum größten Festgelage der Welt transportiert.

Auf meiner Suche nach einem passenden Karatekurs traf ich auf Kevin »Hurricane« Hudson. Der Schwarzgurt gewann 1994 den Kickbox-Weltmeistertitel im Cruisergewicht und 2002 die Karate-Weltmeisterschaft im Schwergewicht. Er ist der erste Mensch überhaupt, der sowohl im Kickboxen als auch im Karate zu internationalen Titelehren gekommen ist. Bei unserer ersten Begegnung trat er mir gleich mitten vor die

Brust. Aber das kannte ich schon. Damals, in meiner ersten Kickbox-Stunde brach der Lehrer einem meiner Freunde eine Rippe. Sein lapidarer Kommentar, nachdem er Kenntnis vom medizinischen Befund erhalten hatte: »Bruch ist besser als Prellung.«

Kevin trat definitiv auch kräftig zu, und er schickte noch ein paar Faustschläge ins Gesicht hinterher. Aber das war okay, denn zwischen uns lagen 7500 Kilometer. Ja, Kevin »Hurricane« Hudson besitzt neben drei richtigen Dojos (Trainingsräumen) auch die bislang einzige Karate-Online-Schule der Welt, in der auch alle Prüfungen abgelegt werden können. Wie das funktioniert? Kevin hat 75 Videos gedreht, die er je nach Leistungsstand für den Schüler freischaltet. Die Prüfung für jeden Gürtel schickt man ihm auf Video, anschließend gibt es Kritik, und man fällt auch mal durch. Die Kosten für das Online-Karatetraining: 29,95 Dollar pro Monat. Wenn alles glattgeht und man sehr fleißig dabei ist, hat man nach drei Jahren den Schwarzen Gürtel. Wobei ich mir und Ihnen an dieser Stelle den asiatischen Sinnspruch nicht ersparen kann, dass der Weg das Ziel ist und die Gürtel nur symbolischen Wert haben.

Seit vier Wochen trainiere ich fleißig, fünf Mal die Woche eine halbe Stunde. Wie würde wohl mein Kampfname lauten? Stefan »Vorschlaghammer« Maiwald gefiele mir ganz gut. Meist stehe ich oben auf unserer Dachterrasse und trainiere die Schläge und Tritte, und gerade gestern haben mir die Bauarbeiter von gegenüber anerkennend zugepfiffen. Wenn ich dort oben Golfschwünge übe, ist mir das immer sehr peinlich. Aber Karate gibt einem tatsächlich eine gewisse Ruhe. Keine Ahnung, ob ich es bis zum Schwarzen Gürtel durchhalte, aber ich bin fest entschlossen, so weit wie möglich zu gehen. Oder wie Kevin sagt: »Ein Schwarzgurt ist ein Weißgurt, der niemals aufgegeben hat.« In Rücksprache mit Kevin werde ich die Gelbgurtprüfung noch einmal ablegen. 25 Jahre sind halt doch eine lange Zeit. In zwei Wochen ist es so weit. Ich kann es kaum erwarten und fühle mich in meinem neuen, schweren, schwarzen Karateanzug, ebenfalls online gekauft, so cool, dass ich es kaum aushalte.

Fazit: *Karate ist – wie wahrscheinlich die meisten Kampfsportarten – die perfekte Vereinigung der spirituellen und körperlichen Dimension auf dem Weg zu einem ganzheitlichen Leben. Weniger blumig ausgedrückt: Hier kommt man beim Nachdenken ordentlich ins Schwitzen. Noch einfacher gesagt: Hier geht's meditierend zum Waschbrettbauch. Hoffe ich jedenfalls!*

Ausatmen für den Weltfrieden

Was ist Lachen? Erst einmal nicht mehr als stoßweises Ausatmen. Wenn Sie derzeit nicht gerade in der U-Bahn sitzen, versuchen Sie es einfach mal: *Ha-Ha-Ha-Ha-Ha*. Sehen Sie? Ganz einfach. Und wenn Sie dabei Ihre Mundwinkel weit auseinanderziehen, dann klingt es schon fast echt.

Warum der Mensch lacht, weiß man nicht so genau. Ob Tiere Humor haben, ist ebenfalls unklar. Bei Schimpansen kann man immerhin Schadenfreude feststellen, wenn ein Artgenosse vom Ast fällt oder auf einer Bananenschale ausrutscht. Das macht unsere nächsten Verwandten nicht unbedingt sympathischer.

Wir lachen nicht nur zu unserem Vergnügen: Lachen tut gut, sagen die Anhänger des Hasia Yoga oder Lachyoga. Lachyoga hat keine Jahrtausende alte Tradition: Madan Kataria, ein Arzt und Yogalehrer aus Mumbai, entwickelte es gemeinsam mit seiner Frau Madhuri, indem er klassische Yogatechniken mit Lachübungen kombinierte – und zwar erst im Jahr 1995. Damals gründete er den ersten Lachclub in Indien – 2010 gab es weltweit bereits mehr als 6000 Clubs. An jedem ersten Sonntag im Mai feiert die Lachyoga-Bewegung den Weltlachtag. Um 14 Uhr unserer Zeit treffen sich Lachyoga-Freunde auf der ganzen Welt, um eine Minute lang laut loszulachen. Das soll gut für den Weltfrieden sein.

Bei der Lachtherapie braucht man keine Witze; man muss also keine Fips-Asmussen-CD einlegen. Kataria zufolge ist die tiefgreifende Wirkung des Lachens unabhängig vom auslösenden Moment. Durch Blickkontakt und Gruppendynamik etwa entstehe echtes Lachen, das sich verbreitet. »Wir lachen nicht, weil wir glücklich sind – wir sind glücklich, weil wir lachen!«, erklärt Kataria. Es gilt die praktische Anweisung: »Fake it until you make it« (Tu so als ob, bis es dir schließlich wirklich gelingt). Bei Lachyoga wird nicht nur gelacht, sondern auch gedehnt, geklatscht und geatmet. All dieses Zeug ist notwendig, um auch griesgrämig-skeptischen Menschen wie mir den Übergang vom rein motorischen in ein echtes, herzhaftes Lachen zu ermöglichen.

Der Lachforschung ist inzwischen ein eigener Forschungszweig namens Gelotologie gewidmet. Die Erkenntnisse der Wissenschaftler deuten darauf hin, dass Lachen gesund ist und das allgemeine Wohlempfinden steigert. Aber warum? Weil durch das Lachen entzündungshemmende und schmerzstillende Substanzen freigesetzt werden, außerdem werden Stresshormone abgebaut und das Immunsystem gestärkt. Auch wird der Sauerstoffaustausch im Gehirn erhöht, das Herz-Kreislaufsystem in Schwung gebracht, die Atmung verbessert und der Stoffwechsel angeregt. Teilnehmer von Lach-Seminaren berichten, dass sie danach nicht nur positiver gestimmt hinaus ins Leben schritten, sondern auch freier und kreativer im Denken waren.

Was also tat ich? Ich besorgte mir als Erstes die CD »All

You Need Is Laugh« von Heiner Uber, sozusagen die Bibel der Heiterkeitssuchenden, mit vielen verschiedenen Beispielen und randvoll mit Gelächter. Außerdem enthielt sie praktische Übungen, die mich zu einem heitereren, besseren, weniger gestressten Menschen machen würden. Das hoffte ich zumindest.

Die erste Befürchtung: Geht einem das viele Lachen auf Dauer nicht auf die Nerven? Nein, überraschenderweise nicht, auch wenn manche Menschen auf der CD sehr komisch lachen (*komisch* hier mal im Sinne von *merkwürdig*). Lachen ist so individuell wie ein Fingerabdruck – Sie würden Ihren Partner oder Ihre Kinder aus einer großen Lachergruppe locker heraushören. Selbst Schwerkranke kommen auf der CD zu Wort, die ihr Leiden mit Lachyoga zu lindern versuchen. Und am Ende lauthals loslachen. Das klang alles ziemlich überzeugend. Wenn man selbst Multiple Sklerose mit Lachen in den Griff bekommt, dann würden doch so kleine Motivationsdellen und Alltagsdepressiönchen, die uns allen hin und wieder zu schaffen machen, locker ausgebügelt werden können.

Bevor wir uns in den therapeutischen Heiterkeitsrausch stürzen, hier noch ein kleiner Ausflug in die TV-Geschichte: Die Macher der »Hank McCune Show« glaubten, der Zuschauer daheim würde sich mehr amüsieren, wenn man ihn nicht allein ließe. Also spielten die Produzenten im Jahr 1950 Lacher vom Band ab. Die Idee funktionierte, andere Sitcoms zogen nach, und bald gab es ein Unternehmen, das sich auf die Mischung von Lachern spezialisierte: Tontechniker nahmen in den Sechzigerjahren an mehreren Abenden in einem Theater in Los Angeles die Lacher des Publikums auf und mischten sie neu ab – herzhafte Ausbrüche, leises Kichern, männliches und weibliches Gelächter, ersticktes Glucksen und vieles mehr. Viele Produzenten bedienen sich bis heute bei diesen alten Lachkonserven. Makabre Randnotiz: Die meisten Menschen, die wir dieser Tage im Fernsehen lachen hören, dürften längst tot sein. Zu den erfolgreichsten US-Serien mit Jahrzehnte alten Lachtonspuren gehören übrigens »Alf«, »Die Nanny«, »Eine schrecklich nette Familie«, »Frasier« und »King of Queens« – auch in der deutschen Synchronisation, bei der die amerikanische Lachspur unverändert übernommen wurde.

Von den lachenden Toten nun aber zu den praktischen Übungen, von denen der Wissenschaftsjournalist Heiner Uber in seinem Hör-Essay viele zusammengetragen hat. Die Übungen sind ganz einfach, und es gibt jede Menge Möglichkeiten, sich dem Thema anzunähern, ohne gleich eine Lachgruppe aufsuchen zu müssen. Einsteiger können beispielsweise Folgendes machen: Jeden Morgen und jeden Abend stoßen sie fünf Mal lachend Luft aus, und das drei Mal hintereinander. Das ist in einer Minute getan, etwa im Auto auf dem Weg zur Arbeit. Und auch ich Skeptiker muss zugeben: Doch, ja, man fühlt sich danach ein kleines bisschen besser. Und das ist ja schon mal eine ganze Menge.

»Die Zeit mit Lachen zu verbringen heißt, die Zeit mit Gott zu verbringen«, sagen die Inder, oder: »Lachen ist mit Gott sprechen.« Das Lachen sei erst durch sie in die Welt gekommen. Der beliebte Elefantengott Ganesh habe sich überfressen, bis sein Bauch geplatzt sei. Darüber mussten die Götter so sehr lachen, dass die Menschen es hörten und mitlachten. Das ist mir alles etwas zu episch verklärt, doch eines steht fest: Lachen hilft. Selbst wenn es gekünstelt ist. Und man nimmt das morgendliche Lachen durchaus mit in den Tag. Es ist, als wären die Mundwinkel plötzlich flexibler in Richtung Himmel – ja, als warteten sie nur darauf, in Aktion zu treten.

Ein Beispiel, das vielleicht nur ähnlich ambitioniert Verspielte nachvollziehen können: Beim Golf, meiner Droge Nummer eins[2], habe ich mir nach erfolgreich absolvierter Lachtherapie angewöhnt, nach schlechten Schlägen *nicht* den Schläger hinterherzuwerfen, sondern fassungslos zu grinsen, gequält zu lächeln und manchmal sogar leise zu lachen (Tiger Woods macht das auch manchmal so.). Ich weiß nicht, ob mir das erzwungene Lächeln nach einem schlechten Schlag das Aussehen eines Serienkillers verleiht. Ein kleines bisschen Seelenfrieden spüre ich dabei allemal. Der blöde Ball – der kriegt mich nicht mehr klein.

 Fazit: *Ausprobieren! Preiswerter kann man sein Leben ja kaum ändern. Es kostet lediglich ein wenig Atemluft.*

---

2 Golf ist meine allergrößte Leidenschaft, und es war klar, dass es mir nicht gelingen würde, das Thema auszusparen, obwohl ich es mir für dieses Buch wirklich fest vorgenommen hatte.

Malen fürs Seelenheil

Ich wollte immer Künstler werden – Künstler im Sinne von Maler, mit einem chaotischen Dachatelier voller verkleckster Farbpaletten, aus denen doch überraschend sublime Werke hervorgehen. Ob die Kunsttherapie ein Weg ist, mir diesen Traum zu erfüllen? Seit Anfang des 20. Jahrhunderts wird Kunsttherapie angewandt; schon 1921 gründeten Schweizer Anthroposophen eine Klinik, deren Therapie künstlerisches Wirken und bildnerisches Gestalten beinhaltete. Hier ging es um das Bekämpfen von Krankheit im Sinne von organischer Fehlfunktion; bald fand das Malen aber auch bei »Gemütskrankheiten« Anwendung. 1922 veröffentlichte der Psychiater Hans Prinzhorn das Buch mit dem wenig sensiblen Titel »Bildnerei der Geisteskranken«. Der zeitgleich wirkende Maler Adolf Wölfli, dessen Biografie sein behandelnder Arzt »Ein Geisteskranker als Künstler« nannte, gilt heute als einer der wichtigsten Vertreter der sogenannten Außenseiter-Kunst. Er lebte dreißig Jahre lang bis zu seinem Tod 1930 in einer Nervenheilanstalt. In England etablierte sich Kunsttherapie schließlich als fester Bestandteil der Behandlung sowohl bei körperlichen als auch psychischen Gebrechen; Pionier war dort der englische Künstler Adrian Hill, der selbst in einem Sanatorium in Behandlung war und mit seinen Mitpatienten zu malen begann. 1945 schrieb er das Buch »Art versus Illness« (Kunst gegen Krankheit), in dem er von erstaunlichen Fortschritten bei der Gesundung der malenden Bettnachbarn berichtete. Kunst kann Wunden heilen, davon war auch der französische Philosoph Gilles Deleuze überzeugt.

Allein in Deutschland gibt es mehrere hundert Kunsttherapeuten. Führt die bildende Kunst tatsächlich dazu, ein besserer, ein ausgeglichenerer Mensch zu werden? Birgt die schöpferische Tätigkeit das heimliche Versprechen, im täglichen Leben Harmonie zu finden? Und konnte ich überhaupt malen? Ich weiß, es kommt nicht auf das Ergebnis an, sondern auf den Entstehungsprozess, aber nur Rumklecksen wäre ja auch nicht das Wahre. Am Ende soll doch schon etwas Vorzeigbares herauskommen, meine ich.

Mein Großonkel Walther Reinboth war Künstler. Er verdingte sich als Heimatmaler und genoss im gesamten Harz einen guten Ruf. Klar, der Harz ist nicht der Nabel der internationalen Kunstszene, aber sogar zu einem Wikipedia-Eintrag hat er es gebracht. Leider sind wir nicht blutsverwandt, er stammt aus einer angeheirateten Linie, daher konnte ich nicht darauf hoffen, dass mir sein zeichnerisches Talent in den Genen lag und eine Art Startvorteil auf meinem Weg zum Künstler bescheren würde. Allerdings habe ich immer meine Sommerferien bei ihm verbracht und ihm stundenlang beim Zeichnen zugesehen, in seinem fantastisch vollgekleckesten Atelier in einem Kellerraum (!). Es faszinierte mich immer wieder, dass er kaum zwei, drei Striche benötigte, um den Betrachter das fertige Bild schon erahnen zu lassen. Er hatte eine Schwäche für Szenen mit Pferden. Versuchen Sie mal, ein Pferd zu malen! Der Lackmustest für jeden ernsthaften Maler, wenn Sie mich fragen.

Natürlich, mir gefiel vor allem die Idee, mich Künstler nennen zu dürfen. Wie nahezu jeder Mensch, der nicht talentiert genug für andere Sparten ist, versuchte ich es eine Zeit lang mit Fotografie, selbstverständlich vorzugsweise Schwarzweiß, doch auch das ließ ich bald wieder bleiben.

Meine zeichnerischen Fähigkeiten schienen mir zu unterentwickelt. Ich weiß, was Sie jetzt denken: Bei moderner Kunst käme es darauf doch nicht an, glauben Sie. Vielleicht haben Sie recht, aber ich habe Kinderzeichnungen von Picasso gesehen, unter anderem die Rückansicht eines nackten Mannes, die er mit 11 Jahren dahinschmierte, und da wurde mir klar, dass ich es nicht bringen würde.

Andererseits: Dalí und einige andere bedeutende Namen sollen rechte Scharlatane gewesen sein, und selbst über Picasso gehen die Meinungen weit auseinander. »Wenn ich nur so malen könnte wie Picasso, hätte ich auch den Kubismus erfunden«, sagt der wunderbare Tom Wolfe. John Lennon assistiert: »Avantgarde ist nur ein anderes Wort für Bullshit.«

Ich wollte all diese Überlegungen ignorieren und einfach von vorn anfangen, kaufte mir ein Malbuch und begann mit Aquarellzeichnungen. Mit Anleitung Wolkenungetüme malen, ist gar nicht schwer, aber Aquarellfarben erinnerten mich arg an die Tuschekästen aus meiner Schulzeit. Und mir fiel wirklich kein bedeutender Künstler der letzten vier Generationen ein, der mit Aquarellzeichnungen Furore gemacht hätte. Gut, ich könnte der Erste sein. Aber sobald ich etwas ohne Anleitung versuchte, ging es erfahrungsgemäß gewaltig schief.

Mein erster wirklich kreativer, also aus mir selbst gekommener Versuch: Ich aquarellierte einen Golfer über dem Ball, in der sogenannten Ansprechposition. Dann nahm ich einen feuchten Lappen und wischte kreisförmig um den Golfer herum, so dass ein unscharfes Schwungbild entstand. Das sah gar nicht mal so schlecht aus, fand ich. Am nächsten Morgen änderte ich meine Meinung und schmiss das Bild verschämt in den Müll.

Leider war ich also schon über den Dunning-Kruger-Effekt hinaus. Die beiden US-Psychologen Justin Kruger und David Dunning hatten im Jahr 1999 das Phänomen untersucht, warum wir uns in so vielen Lebensbereichen oft für besser halten, als wir es tatsächlich sind. Einfaches Beispiel: Wir halten uns fast alle für sehr gute Autofahrer, jedenfalls besser als der Durchschnitt. Aber nur auf wenige von uns trifft das wirklich zu. Auch in der Kunstwelt halten sich die meisten für begabter als der Rest. Dunning und Kruger fanden heraus: Je weniger man von einer Materie versteht, desto fantastischer findet man sich. Wer mit dem Malen anfängt (Dunning und Kruger erwähnen konkret dieses Beispiel), wird schnell Fortschritte machen – etwa passable Wolkenaquarelle hinbekommen – und sich für super halten. Erst wenn man tiefer in die Materie einsteigt, andere Maler kennenlernt, neue Techniken ausprobiert, wird man die Güte der anderen und die eigene Unfähigkeit realistischer zu beurteilen wissen. Jedenfalls ist das bei den meisten so; manche halten sich auch dann noch für spitze.

Da ich mich zwinge, in so ziemlich jede erreichbare Kunstausstellung zu gehen, kann ich die Gnade der Unwissenheit nicht mehr für mich reklamieren. Ich weiß, wie viele andere malen können. Und was für ein ärmliches Gekritzel ich dagegen hinkriege.

Zwei Tage später, genug von Bauernhäusern und Baumreihen vor Gewitterwolken, wechselte ich die Technik und probierte es mit Ölfarben. Das machte Spaß, weil die, wie Lösungsmittel, erst einmal wundervoll riechen. Das ist das Parfüm der Kreativität! Man ist schon richtigerer Künstler mit diesen auf Holzrahmen gespannten Leinwänden und einer ganzen Batterie von Pinseln. Als Erstes kopierte ich zwei Werke, die mir gefielen, die Ansicht einer nächtlichen Bar und eine surreal-kindliche Ansicht eines spanischen Ortes, die ein spanischer Winzer für seine Werbung nutzte. Das klappte ganz gut, vor allem, weil man bei Öl ja unendlich viele Versuche hat (Ölfarben überdecken, Aquarelle nicht).

Nach fünf Tagen Gekleckse war mir immerhin bewusst, dass ich ganz schön viel Zeit in meine neue Beschäftigung investiert hatte. Ich hatte kaum Zeit, an etwas anderes zu denken, und das kann ja in vielen Lebenslagen durchaus hilfreich sein.

Aber dann machte ich mir klar, dass heutige moderne Kunst mehr ist als Gemälde. Auf der letzten Venedig-Biennale konnte ich beispielsweise das Werk der Frankfurterin Tamara Grcic bewundern (nein, ich weiß auch nicht, wie man ihren Nachnamen ausspricht): Sie setzte 16 Rettungsboote ins Wasser und ließ sie über Lautsprecher mit Stimmengemurmel belegen. Da gefiel mir schon die Arte Povera des Kameruners Pascale Marthine Tayou besser, der einen gigantischen Mammut aus Papierabfällen gebaut hatte.

Ja, die große, teure Kunst hat seit vielen Jahren die Welt der Aquarellblöcke verlassen. Man musste es als Künstler ebenfalls tun.

Folgende Ideen schrieb ich mir auf:

➢ Golfbälle in Farbe eintauchen und entweder mit einem Putter über eine am Boden liegende Leinwand rollen lassen oder mit einem Schläger gegen eine an der Wand stehende Leinwand knallen. Fertiges Bild teuer verkaufen.

➢ Irgendetwas Harmonisches malen und dann die Leinwand mit einer AK-47 Kalaschnikow beschießen. Es »Zerrissenheit des Daseins«, »Bipolare Welt« o.s.ä. benennen. (An dieser Idee gefiel mir besonders, dass ich unbedingt ein Foto von mir will, auf dem ich mit einer AK-47 posiere.) Fertiges Bild teuer verkaufen.

➢ Große Bleilettern kaufen und Wörter an die Wand hängen, welche wiederum Sätze bilden, die keinen Sinn ergeben. (Geheimnisvolles kreatives Raunen!) Wenn es nicht so wirkt wie gewünscht: Ganze Wand mit AK-47-Salven beschießen. Fertige Installation teuer verkaufen.

Vielleicht sollte ich das wirklich tun! Für meine Karriere als bedeutender Künstler müsste ich mir außerdem ein geheimnisvolles Pseudonym und einen brüchigen Lebenslauf ausdenken sowie einen willfährigen Galeristen finden, dazu eine Journalistin, die mich »entdeckt«.

Wenn Sie also demnächst vor einer merkwürdigen Kunstinstallation stehen, die von einem bislang völlig unbekannten, sagen wir, rumänischen Künstler stammt, von dem weder Bilder noch genaue biografische Angaben überliefert sind, dann können Sie mich gern im Verdacht haben. Vor allem, wenn das Bild Einschusslöcher aufweist.

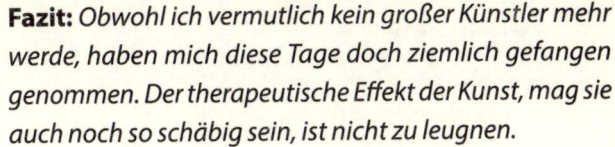

Fazit: *Obwohl ich vermutlich kein großer Künstler mehr werde, haben mich diese Tage doch ziemlich gefangen genommen. Der therapeutische Effekt der Kunst, mag sie auch noch so schäbig sein, ist nicht zu leugnen.*

Am Feuer, das Läuterung verspricht

Ich bin ein hervorragender Esser. Ich habe ständig Appetit und esse alles, was mich nicht zuerst isst. Dank meines Lebensmittelpunkts in Italien habe ich sogar ein gewisses Maß an Fachwissen angehäuft, das zumindest im Bekanntenkreis beeindruckt. Mein letztes Buch, »Meine Suche nach der besten Pasta der Welt – eine Abenteuerreise durch Italien«, dreht sich ausschließlich um das gute Essen.

Aber eines kann ich nicht: kochen. Natürlich, die Welt ist inzwischen voll von Kochshows. Köche sind auf eine skurrile Art Stars geworden, den Friseuren nicht unähnlich.

Mein Vater war Koch von Beruf, sogar ein recht guter. Zwei Jahre hatte er in Frankreich gearbeitet. Heute arbeitet ja jeder im Ausland, aber damals, kurz nach dem Zweiten Weltkrieg, war das noch ein richtiges Abenteuer. Doch insgesamt hatte er Pech, er war eine Generation zu früh dran; damals galten Köche nichts, am wenigsten in Deutschland. Wäre er heute so alt wie ich, wäre er sicher ein Superstar.

Ich berief den Familienrat ein. Und da ich nicht wusste, wie das geht, stellte ich mich einfach direkt vor den Fernseher, als die Lieblingsshow meiner Frau und meiner beiden Töchter lief. »Weib!«, rief ich aus. »Ab heute werde ich für dich und unsere Kinder kochen. Zwei Wochen lang. Kinder! Hört auf zu lachen.«

Warum wollte ich das auf mich nehmen? Nun, Kochen, haben Forscher herausgefunden, ist mehr als nur Essensvorbereitung. »Es beruhigt die Nerven, heilt gebrochene Herzen und hilft gegen Langeweile, innere Unruhe und Angstzustände«, schreibt die *New York Daily News*. »Während Stress die Sinne abstumpft, aktiviert das Kochen sie«, behauptet die amerikanische Ratgeber-Autorin Debbie Mandel. »Kochen ist eine umfassend anregende Erfahrung.«

Meine erste Idee war, ein Praktikum in einer Profi-Küche zu absolvieren – bei uns in Grado gibt es ein paar erstklassige Restaurants, die in der Nebensaison sicher nichts gegen einen Helfer gehabt hätten, aber alle Köche rieten mir ab, und eines Abends in der Küche meiner Kumpels Allan und Attias Tarlao (»Tavernetta all'Androna«) verstand ich, warum: Das Kochen gemeinsam mit anderen ist wie gemeinsame Ölmalerei an derselben Leinwand. So recht funktioniert es nicht. Tatsächlich ist in Restaurants die Küche nicht nur hierarchisch, sondern auch strikt arbeitsteilig organisiert. Einer ist nur für die Antipasti zuständig, der andere nur für den Fisch, ein weiterer nur für die Desserts. Es ist *keine* Teamarbeit, auch wenn es so aussehen könnte, weil viele Menschen nebeneinander werkeln. Dabei darf der eine aber keineswegs die Messer des anderen anfassen, geschweige denn seine Teller.

Einen Hobbykoch bringt diese Erfahrung kaum weiter. Treue Leser wissen, dass ich eine italienische Frau und damit eine italienische Schwiegermutter habe, und neu Hinzugekommene haben es soeben erfahren. Wo könnte man gutes, schmackhaftes und stressresistentes Kochen für vier bis vierzig Personen besser lernen als bei ihr? Doch wie schon bei meinem Pasta-Buch wollte sie sich nicht in die Karten gucken lassen. Sie fürchtete um ihr familiäres Alleinstellungsmerkmal.

Also gut, machte ich es eben selbst. Was für ein Glück, dass ich zufällig während meiner Arbeit an diesem Buch auf einige Reportagen für große deutsche Magazine geschickt wurde, in denen es um Essen und Trinken geht. Ich konnte mir also Tipps und Tricks bei großen Namen abschauen, etwa von den Sterneköchen Silvio Nickol in Wien, Giuseppe Sestito aus Riva del Garda, den Mailändern Carlo Cracco, Claudio Sadler, Viviana Varese, Fabio Baldassarre und Andrea Aprea, der Apulierin Teresa Buongiorno und den in Süditalien aufstrebenden Sterne-Anwärtern Vito Giannuzzi und Cristina Conte, die eine vorzügliche Spaghetti Carbonara aus Eiern zaubert – und zwar aus Seeigeleiern. Ich war über Wochen nah dran an den besten Köchen der Welt. Wie gesagt: Ich verstand durchaus etwas vom Essen, nur eben recht wenig von seiner Zubereitung. Das musste und sollte nun anders werden. Genug Inspiration hatte ich inzwischen gesammelt.

Der Witz am Kochen ist: Man muss sich nur trauen. Eigentlich gelingt immer alles. Und wenn es nicht gelingt, dann gibt es ja das Internet. So konnte ich mich in wenigen Tagen zum König der Carbonara hochkochen (mit Hühnereiern, nicht mit Seeigeleiern), weil ich die Anweisungen von Sonia, der beliebten Köchin der italienischen Internet-Seite www.giallozafferano.it, sklavisch befolgte. Wenn Sie nur ein kleines bisschen Italienisch sprechen und alles tun, was sie sagt, können auch

Sie vor Ihren Lieben glänzen[3]. Meinen persönlichen Klassiker, Risotto mit Garnelen, Knoblauch und Cashewkernen, verfeinerte ich nach und nach (etwa mit der Beigabe von ordentlich Safran), außerdem hatte ich große Freude am Ragout-Erstellen – mit allem Möglichen, was da so reingehört, vor allem aber mit frischen, kleingeschnittenen Karotten –, und schon nach wenigen Tagen freuten sich meine Kinder, wenn sie erfuhren, dass ich in der Küche stand. Das fühlte sich gut an. Oder waren sie nur glücklich, dass sie in Ruhe ihre Comics sehen konnten statt die laaaangweiligen Golf-Übertragungen?

Ganz stark war natürlich mein bunter Überraschungsteller, den ich mir von Viviana Varese abgeschaut hatte[4]: Sie kocht kurze, dicke hohle Pasta, stellt dann ein gutes Dutzend dieser Nudeln als kleine Gefäße auf den Teller und füllt sie mit ganz unterschiedlichen Häppchen auf, ob Thunfisch, Tomatenstück, Gurke oder Garnele. Das sieht nicht nur hübsch bunt aus und gefällt den Kleinen, sondern schmeckt auch fein. Das Kochen gefiel mir richtig gut. Jeden Abend machte ich ein Ritual daraus, die Zutaten, Töpfe und Messer vorzubereiten (in der Fachsprache *mise-en-place*) und mir ein kühles Pils neben den Herd zu stellen. Vielleicht gibt das Zubereiten und Essen der mit eigener Hand verzehrbar gemachten Nahrung Halt und Sicherheit in einer Welt, die sich unserer Kontrolle immer weiter entzieht? Ich weiß nicht, ob es nächstes Jahr

---

3 Direkt zur Carbonara geht es hier entlang:
   http://ricette.giallozafferano.it/Spaghetti-alla-Carbonara.html
4 Ihr Restaurant »Alice« bekam exakt zwei Wochen nach meinem Besuch den ersten Michelin-Stern. Ambitionierte Köche dürfen mich gern kontaktieren und als Glücksbringer zum Essen einladen.

den Euro noch geben wird. Aber ich weiß, dass mir bis dahin die Tagliatelle mit Lachs nie mehr misslingen werden. Sofern man das eine oder das andere noch irgendwo kaufen kann. »Kochen ist eine so intensive Tätigkeit, dass es uns für eine Zeit lang alle Sorgen vergessen lässt«, schreibt die Lebenshilfe-Expertin Debbie Mandel. »Du bist ganz in der Gegenwart. Das von Problemen blockierte Gehirn kümmert sich stattdessen um lebensfrohe Rezepte.«

Ein erster Höhepunkt meiner persönlichen Kochtherapie ergab sich ganz zufällig, als mein Schwager eine Grillparty schmiss. Ich hatte nicht schnell genug Nein gesagt und war zudem in eine ungünstige Position gedrängt worden – und plötzlich stand ich mit Zange vor dem Grill und musste für 16 Italiener allerlei feine Sachen auflegen. Es war wohl wie die wunderbare Szene aus dem Film »Soulman«, als jeder unbedingt den »Schwarzen« im Basketball-Team haben will – Würstchen und ein Deutscher am Grill, dachten die Italiener, was konnte da schon schiefgehen? Und es ging tatsächlich nichts schief, bis auf die Tatsache, dass ich mich mit dem Huhn verschätzte. Hühner auf dem Grill sind tückische Biester, die viel Aufmerksamkeit einfordern und ewig auf kleiner Flamme geröstet werden wollen. Na gut, gab es eben Huhn zum Nachtisch. Als ich endlich die letzte Platte an die Tafel trug und mich setzen konnte, gab es 30-händigen Applaus. Nur Marta konnte nicht klatschen, weil sie ihren ein Jahr alten Filippo im Arm hielt. Ich grinste bis über beide Ohren; ja, wirklich, ich glaube, meine Mundwinkel haben sich noch nie in ihrem Leben so nah meinen Ohrläppchen genähert. Das war ein fantastisches Gefühl. »Kochen macht uns glücklich, weil wir für andere sorgen«, erklärt die Psychiaterin Carole

Lieberman. »Wer für Menschen kocht, die er liebt, wird sozusagen von ihrer Anerkennung satt.« Jetzt endlich verstand ich, warum so viele Männer so viel Geschiss ums Grillen machen. Noch am selben Abend surfte ich im Internet nach High-End-Smokern.

Mein Gesellenstück lieferte ich ab, als meine Frau von unserem Freund Silvano, dem hiesigen Fischauktionator, vier Seezungen heimbrachte und in den Kühlschrank legte. Sie sagte nichts dazu, aber ich empfand die Lieferung als Herausforderung, ja beinahe als Provokation. Es war wohl klar: Heute Abend sollte es Seezunge geben – oder das große finale Scheitern meiner Hobbykoch-Hybris.

Die Seezungen waren praktisch noch lebendig, also mussten sie ausgenommen werden, was ich noch nie in meinem Leben gemacht hatte. Gut, dass mir unsere Kinderfrau Marina half, die mit einem Fischer verheiratet ist. Jeder Koch ist nur so gut wie seine Assistenten! Das Ausnehmen machte keinen Spaß; bloß gut, dass ein Plattfisch nicht ganz so viel Zeug im Bauch hat wie beispielsweise eine dicke Dorade. Wir präparierten das Bratblech, legten die Filets hinein, schnitten Kartoffeln und Knoblauch klein, gaben Olivenöl, Salz und Pfeffer hinzu, hackten Petersilie klein und warfen Rosmarin aus dem Terrassenanbau hinterher. Vierzig Minuten bei 180 Grad, und es war praktisch auf die Minute fertig, als meine Frau heimkam.

Wie das duftete! Wie das schmeckte! Und wie kinderleicht das alles gewesen war! Hätte ich soeben ein Kind zur Welt gebracht – ich hätte stolzer nicht sein können.

Apropos Kinder: Meine Töchter wollten natürlich lieber Würstchen mit Ketchup. Aber das war schon okay. Noch sind für sie heiße Würstchen ein ebensolches Wunder wie Seezunge aus dem Ofen.

Fazit: *Es gibt dem eigenen Dasein einen Sinn, den ich zuvor nie verspürt hatte. Ja, ich brachte durch mein Schreiben Geld in die Haushaltskasse, aber das war doch alles sehr abstrakt, und meine Kleinen haben es nie so recht begriffen und sich wohl öfter mal gefragt, was genau ich denn in meinem Leben so mache. Nun haben sie meine Präsenz in den letzten Wochen merklich zu schätzen gelernt. Das fühlte sich richtig gut an. Ja, selbst meine Frau ist glücklich. Kurzum: Volltreffer!*

Glückstagebuch

Zeit: wenige Minuten am Tag – aber viele Tage hintereinander. Geduld und Ausdauer sind gefragt

Kosten: 10 Euro (Notizbuch)

Die Verewigung des Banalen

Ich habe in meinem Leben schon sehr viel gesammelt. Zuerst Flugzeugmodelle, dann Autogrammkarten von Eintracht-Braunschweig-Spielern. Dafür fuhr ich nach der Schule mit dem Rad quer durch die Braunschweiger Vororte und klingelte bei den Spielern. Meistens öffneten mir leicht genervte Frauen die Tür, die immer gerade ihren Nagellack trockneten, manchmal auch die Spieler selbst, mürrisch, weil ich sie aus dem Mittagsschlaf geweckt hatte, aber sie reichten mir immer ein bis zwei Karten, die sie griffbereit an der Tür liegen hatten.

Unvergessen und noch heute Erzählstoff in der Familie war mein Entschluss nach dem Besuch eines Korkenzieher-museums in der Provence, nun ebenfalls zum Sammler von Korkenziehern zu werden. Noch im Museumsshop kaufte ich mir ein sündteures Modell, mit dem die Sammlung beginnen sollte. Anzahl der gesammelten Korkenzieher bis heute: 1.

Immerhin, ich sammle historische Golfbücher und bin im Besitz des ersten deutschsprachigen Golflehrbuches (Philipp Heineken, »Lawn Tennis und andere Spiele« – die Schläger heißen noch »Keulen«, der Caddie »Keulenträger«, die Golfta-sche »Keulenköcher«). Aber diese Sammlung dient mir nur als

59

Vorwand, meine Nase in Golfbücher zu stecken, um endlich den ultimativen Tipp für mein eigenes Spiel zu finden.

Was riskierte ich schon groß mit einem Glückstagebuch? Am ersten schönen Tag des Jahres trug ich ein frisch ausgepacktes Notizbuch bei mir, mit Silberschnitt, das Werbegeschenk eines Zürcher Hotels. (Es kostete mich daher nicht einmal die 10 Euro, die ich am Kapitelanfang angab.) Gleich nach dem Aufwachen schrieb ich:

➤ *Der Atem meiner jüngsten Tochter an meiner Schulter.*

Die Kleinen schlafen nämlich, wie es sich in Italien gehört, noch im Bett von Mama und Papa. Man nennt das auch »italienische Verhütung«.

Dann gingen wir an den Strand, die Kinder waren ganz aufgeregt. Denn Strand – das war für sie immer auch Muschelmarkt, den sie ratzfatz mit ein paar handgemalten Werbeplakaten, natürlich zweisprachig, ins Leben riefen.

➤ *Der warme Wind, der nach Meer duftet.*

Den Satz strich ich wieder, aus Kitschverdachtsgründen. Ich will nicht, dass in meinem Nachlass je so ein Satz gefunden wird.

➤ *Meine Töchter, die einem netten deutschen Touristen für 50 Cent eine Muschel verkaufen.*
➤ *Der nette deutsche Tourist, der Interesse heuchelte und glaubhaft versicherte, er habe noch nie eine so schöne Muschel gesehen (merke: Nicht jeder Mensch in Dreiviertelhose ist böse).*

- *Liegen im Liegestuhl.*
- *Die verführerischen Optionen für heute Abend: Pasta von mir? Ausgehen? Pizza für die Kleinen und irgendwas Rohes, Fischiges für uns?*
- *Der Akzent des Strandverwaltungsangestellten, der die Luft- und Wassertemperaturen auch auf Deutsch bekannt gibt. Das hat schon was dezidiert Hochsommerliches.*
- *Meine älteste Tochter, die sich nach dem Muschelmarkt wieder den komplizierten Verwandtschaftsverhältnissen in Entenhausen (italienisch: Paperopoli) widmet.*
- *Die Vorfreude auf den ersten, kühlen Schluck Bier.*

Ja, würde ich ein Buch über das Thema »Glückstagebuch« schreiben, so wäre meine Kernaussage: Schaff dir jeden Morgen etwas, auf das du dich den ganzen Tag freuen kannst. Ein kleines Ziel, nichts, was großer Organisation bedarf. Leg dir ein Buch hin, was du immer schon mal lesen wolltest, die Telefonnummer eines Freundes, von dem du schon lange nichts mehr gehört hast, eine Flasche wertvollen Weins, die du immer schon mal öffnen wolltest. Ein heißes Bad. Der Lieblingssong in voller Lautstärke. Nutella fingerdick. Der gute Kaffee in der Bar um die Ecke. Das Fahrrad reparieren. Was immer es ist – nehmen Sie es sich vor, freuen Sie sich drauf, genießen Sie es.

In den Tagen mit Notizbuch ist mir aufgefallen, dass Glück nichts Gegenwärtiges ist, sondern fast ausschließlich durch Vorfreude entsteht. Manchmal, wie beim Kochen oder auch, je nach Typ, bei der Fahrradreparatur, gehen wir so unbedingt in der Tätigkeit auf, dass man fast von einer meditativen Erfahrung sprechen könnte. Wir empfinden nichts dabei, nicht einmal Glück. Erst im Nachhinein, wenn wir unseren

Zen-Zustand verlassen haben, machen wir uns, oft mit etwas Wehmut, klar, wie schön und glücklich diese Minuten waren. Vielleicht funktioniert es so: Jeden Morgen, gleich beim Aufwachen, nehmen wir uns irgendetwas vor, das uns vorfreudig heiter stimmt. Wie klingt das? Kitschig? Ja, wahrscheinlich. Aber es bleibt ja Ihr und mein Geheimnis.

Fazit: *Übers Glück und den Weg dahin nachzudenken ist eine feine Sache. Und sich jeden Morgen notieren, was genau den Tag lebenswert machen könnte, und sei es noch so banal, ist vielleicht der besondere Dreh.*

Das große Fressen – aber gut getaktet

Bevor wir uns mit dem Kalorienzählen beschäftigen, erst einmal die grundsätzliche Frage: Wieso sollte eine Diät mich zu einem besseren, glücklicheren Menschen machen? Nun, mir geht es bei einer Diät – wie auch bei meinen Verzichtsversuchen wie dem Fasten oder der Alkohol-Abstinenz – nicht so sehr ums Abnehmen, sondern ums Maßhalten in einer Gesellschaft, in der immer alles möglich ist. Und sollte am Ende ein Waschbrettbauch dabei herauskommen: Na, von mir aus, den nehme ich gerne auch noch mit.

Auf Deutsch wird die *Warrior Diet* ständig mit »Kämpfer-Diät« übersetzt, aber die korrekte Übersetzung von »Warrior«, die sich hoffentlich mit der Veröffentlichung dieses Buches durchsetzt, lautet nun mal »Krieger« – ein Kämpfer wäre nämlich ein »Fighter«, und »Krieger« klingt außerdem viel besser. Worum geht es bei dieser mutmaßlich martialischen Diät? Sie erklärt die verbreitete Annahme, mehrere Mahlzeiten über den Tag verteilt zu sich zu nehmen, sei gesund, für unsinnig. Man solle vielmehr die gesamte Tagesration an Kalorien in einer einzigen großen Mahlzeit zu sich nehmen. Zum Beispiel am Abend. Und die nächste Mahlzeit erst am darauffolgenden Abend.

Es gibt Studien, die dieses »Intermittierende Fasten« (24 Stunden ohne Nahrungsaufnahme) unterstützen. Mäuse und Ratten zum Beispiel zeigten sich nach der Krieger-Diät viel munterer und fitter als Artgenossen, die über den Tag verteilt mehrere kleinere Portionen zu sich nahmen. Sie hatten sogar bessere Blutwerte, eine stabile Immunabwehr und litten seltener unter Herzkrankheiten.

Aber wie kam es zu der Bezeichnung »Krieger-Diät«? Nun, Verfechter dieser Diät argumentieren, dass sich unsere Vorfahren über Jahrtausende genau so ernährt hätten: nach der Jagd die Bäuche vollgeschlagen, bis zur nächsten Jagd gab es nichts mehr. Auch Krieger in der Schlacht hatten nicht gefrühstückt, zu Mittag gegessen, zwischendurch ein paar smarte Snacks geknabbert und am Abend erneut zugeschlagen. Sondern sie haben sich in den Kampfpausen ordentlich beladen, vermutlich mussten sie sogar hastig schlingen.

Die »Warrior-Diät« gefiel mir außerordentlich gut, weil sie dem italienischen Leben auf ideale Weise entgegenkommt. Jeglicher sonstige Diätversuch ist nämlich in einer Gesellschaft, die sich jeden Abend drei Stunden an langen Tischen versammelt, um mit großem Genuss zu essen und zu trinken, nicht durchführbar. Übrigens: Die immer wieder vorgetragene Idee der Gewichtsregulierung, am Abend möglichst wenig zu essen, ist wissenschaftlich durch keine Studie belegt, und auch der gesunde Menschenverstand wundert sich: Warum sind Italiener und Franzosen die schlanksten Europäer, obwohl sie quasi nichts frühstücken, wenig zu Mittag essen und erst spät in der Nacht mächtig reinhauen? Wann immer Sie von einer

Diät hören, die möglichst sparsames Abendessen predigt, dürfen Sie mich gern zitieren.

Würde ich mit der Krieger-Diät wohl endlich ein wenig abnehmen? Ich gewöhnte mir versuchsweise an, morgens nur eine oder zwei Tassen Espresso zu trinken, mittags gönnte ich mir allenfalls einen Apfel und eine Handvoll Nüsse (und manchmal, okayokay, auch zwei Riegel Kinderschokolade). Und abends – o wonnevolle Völlerei! Es war eine wahre Lust, ob wir nun auswärts essen gingen oder ich selbst zu Hause kochte – die Krieger-Diät stellte ich zeitgleich auf den Prüfstand mit meiner Kochtherapie (siehe Kapitel 8).

Und das Beste daran: Ich verlor in zwei Wochen erstaunlicherweise zwei Kilo und fühlte mich bombig dabei. Ich war zu keiner Zeit schlapp oder ausgelaugt, obwohl ich auch im Fitnessstudio aktiv war, und das Abendessen schlang ich nicht gierig herunter, sondern empfand es im Gegenteil als besondere Segnung. Zudem hat es doch etwas ausgesprochen Männlich-Düsteres, wenn man sagt: »Ich mache die Krieger-Diät«. Da ist man weit entfernt von allem Frauenzeitschriften-Chichi. »Ich mache die Brigitte-Diät« – was würde man von einem Mann halten, der so einen Satz sagt?

Fazit: *Auch wenn es jetzt doch wie ein Tipp aus der Frauenzeitschrift klingt: Die Krieger-Diät könnte etwas für Sie sein, wenn alle anderen Versuche der Gewichtsreduzierung bislang nicht richtig angeschlagen haben.*

Was sagen eigentlich die Sterne?

Ich habe nichts gegen Menschen, die an Horoskope glauben. Aber diese Menschen sollten sich klarmachen, dass sie sich auf der gleichen spirituellen Stufe bewegen wie unsere Vorfahren, die aus den Eingeweiden toter Tiere die Zukunft vorhersagen zu können glaubten. Aber gut: Unsere Vorfahren haben es ja auch irgendwie durch die Welt geschafft und ihre Gene weitergegeben, sonst hätte ich dieses Buch nicht schreiben und Sie es nicht in der Hand halten können.

Zwei Dinge lassen mich dann doch in meinem festen Nicht-Glauben schwanken. Gunter Sachs, studierter Mathematiker, glaubte fest an Horoskope. Sachs wurde immer ein wenig zu Unrecht auf sein Playboy-Image reduziert, aber eigentlich war er nicht nur ein Charmeur, sondern auch ein großer Menschenfreund, den man sich durchaus zum Lebensvorbild nehmen kann. Zu meiner *Playboy*-Zeit (der Zeitschrift, nicht dem Lebensstil) habe ich ihn einmal interviewt. Ein wirklich angenehmer Mensch. Er hat mit seinem vielen Geld jedenfalls eine Menge sinnvoller Dinge gemacht. Auch ein sehr guter Freund von mir, promovierter Wirtschaftswissenschaftler, sucht sich seine Freundinnen strikt nach Horoskop aus, bevorzugtes Sternzeichen: Skorpion. Dass er dabei immer auf langbeinige Blondinen trifft, ist sicher nur ein Zufall.

Stand mein Glück in den Sternen? Und wenn ja, wer konnte es für mich herauslesen? Auf der Suche nach professioneller Hilfe stellte ich fest: In München beherrschen Promi-Astrologen den Markt. Sie schreiben alle für irgendwelche Zeitschriften, treten im Fernsehen auf oder beraten Schauspieler. Man hat als Sterndeuter offenbar ein gutes Auskommen. Meine Wahl fiel auf eine Astrologin, die in unmittelbarer Nähe zu meiner Münchner Wohnung praktizierte, und so stieß ich auf Leslie Rowe. Sie interessierte mich aus vielen Gründen, abgesehen davon, dass schon der Name einen coolen Sound hat. Erst einmal gab sie an, Politologin und sogar Absolventin der Deutschen Journalistenschule zu sein. Wenn man sich heutzutage im Journalismus umsieht (und auch einige der Absolventen kennt, so wie ich), mag man es kaum glauben, aber man braucht ein ordentliches Maß an Allgemeinbildung und Cleverness, um in diese Schule aufgenommen zu werden und sie erfolgreich zu durchlaufen. Leslie Rowe, die unter anderem die Horoskope der *Bunten* formuliert, war also bestimmt kein Dummerchen, das es mir leicht machen würde. Auch zeigte sie in ihren Mails von Anfang an ein ordentliches Maß an Selbstironie, was mir gefiel. Sie grüßte, weil ich mich bei der Kontaktaufnahme gleich als Skeptiker geoutet hatte, als »die Hexe von nebenan«. Als ich fragte, ob sie eine schwarze Katze mit magischen Fähigkeiten hätte, die ein Foto von uns machen könne, verwies sie auf ihre Katzenallergie und wartete mit einem andalusischen Hund auf. Und zum Dritten, da war sie wirklich raffiniert, war ihr natürlich gleich klar, dass ich nicht an Horoskope glaubte. »Jungfrauen sind ein skeptisches

Sternzeichen«, erklärte sie mir. Und dann sagte sie noch, es sei kein Wunder, dass ich mich gerade jetzt an sie wende, denn die Sterne stünden derzeit äußerst ungünstig für mich wegen eines »rückläufigen Merkurs«.

»Ich glaube, in meinem spirituellen Leben wäre vieles anders gelaufen, hätte ich wenigstens ein cool klingendes Sternzeichen abbekommen«, klagte ich mein Leid. »Aber Jungfrau... Können Sie sich vorstellen, wie man als Zehnjähriger da im Kreis seiner Freunde niedergemacht wird? Löwe oder Schütze, das wäre wenigstens was gewesen.«

Leslie konnte mich kaum trösten. »Seien Sie froh über die Jungfrau – in China wären Sie ein Metall-Schwein. Da rettet Sie nur die Burmesische Astrologie: der Phoenix oder Adler. Das ist doch etwas, das männliche Kindheitstraumata verblassen lässt, oder?«

So weit alles noch via Mail und Telefon. Wir machten einen persönlichen Termin aus, für den sie meine genauen Geburtsdaten brauchte. Falls Sie selbst im Thema sind und einmal nachrechnen wollen: 29.8.1971, 0:55 Uhr, Braunschweig.

In den Stunden vor dem Beratungstermin war ich dann doch trotz aller Ratio so nervös wie eine langschwänzige Katze in einem Wohnzimmer voller Schaukelstühle. Was, wenn sie mich verwünschen und mich künftig zu einem abergläubischen Menschen machen würde, der vor jeder Entscheidung sein Horoskop liest? Was, wenn sie sagt, dass ich nächste Woche an einer unentdeckten schweren Krankheit einginge? Was, wenn bislang alles in meinem Leben falsch gelaufen war?

Als Leslie die Tür ihrer prächtigen Altbauwohnung öffnete, fand ich sie sofort ausgesprochen sympathisch. Eine freundliche Person mit schöner Stimme. Selbst ihr andalusischer

Hund war nett und schnüffelte mir nicht gleich im Schritt rum. »Es ist angenehm, mal jemanden zu haben, der gar keine Beratung braucht«, sagte die blonde Hexe, als ich in einem Sessel Platz genommen und sie ihren Laptop (schade, keine Kristallkugel) hochgefahren hatte. Ich dachte, das bezog sich auf meine Skepsis, doch nein – es stellte sich gleich darauf heraus, dass ich nach meiner Sternenkonstellation ein absolutes Glückskind bin. Sieh da. Jungfrau mit Aszendent Krebs, und dazu haben sich noch alle relevanten Planeten in einem gemeinsamen »Haus« versammelt und harmonieren bei einer Party mit viel Schwoof aufs Wunderbarste miteinander.[5] Und auch wenn man nicht an Horoskope glaubt, hört man so etwas immer gern. Es ist, als würde mir einer meiner schwulen Freunde sagen, ich hätte schöne Augen. Ich könnte von dem Kompliment nicht profitieren, aber ich nehme es dennoch gern an.

Ansonsten durchschaute mich Leslie ziemlich gut. Ich fand mich jedenfalls in ihren Charakterisierungen ordentlich getroffen. Natürlich, manches war vage, außerdem können sich schlaue Menschen wie Leslie auch schnell ein Bild von einer Person machen, die ihnen gegenübersitzt, Stimme, Wortwahl, Gesten, Kleidung verraten schon einiges, aber insgesamt passte alles in ihrer Beschreibung recht gut. Ein Beispiel: Obwohl Jungfrauen Geiz nachgesagt wird, entdeckte sie bei mir pures Verschwendertum und völlig gedankenlosen Umgang mit Geld. Da hatte sie recht; ich bin schon erster Klasse gefahren,

---

5 Als Journalist, der auch für Wissensmagazine schreibt, fiel mir schnell auf, dass die Wörter »Stern« und »Planet« in der Astrologie synonym verwendet werden. Für so etwas kündigen meine Leser ihre Abonnements.

als ich es mir noch nicht leisten konnte, und von den Summen, die ich Freunden geliehen und nie wiedergesehen habe, hätte ich mir schon längst einen 72er Lancia Fulvia kaufen können.

Doch nun wurde es konkret, denn man darf Leslie fragen, wie man sich bei anstehenden Entscheidungen richtig zu verhalten habe. Also los, Frage eins: »Ich habe ein Jobangebot: Ich soll eine Reihe von Reisebüchern auf Vordermann bringen. Tendenziell hätte ich Lust dazu, auch weil das Honorar stimmt. Aber der Job würde meine Freiheit längerfristig arg einschränken. Soll ich ihn dennoch annehmen?« Leslie befragte ihre Kristallkugel (die mit dem Apfel drauf): »Insbesondere im Oktober und November kommt viel Büroarbeit auf Sie zu.« Das war nun tatsächlich ziemlich *spooky*, denn gerade drei Tage zuvor hatte ich in Reaktion auf das Jobangebot geschrieben, dass ich gern im Oktober und November vollständig im Büro tätig sein, alle anderen Monate aber Wert auf Heimarbeit legen würde. Ja, ich hatte explizit diese beiden Monate genannt. Hatte Leslie mein E-Mail-Konto geknackt?

Nächste Frage: »Ich würde gern einen Roman schreiben. Soll ich?« Leslie antwortete: »Unbedingt. Sie tanzen gern auf der Oberfläche, aber Sie haben das Zeug zu mehr.« Ja, vielleicht wusste sie, dass ich genau das hören wollte. Dennoch gut, dass sie es mir gesagt hatte. Die wichtigste Frage zum Schluss: »Was muss ich tun, um ein glücklicher Mensch zu werden?« Leslie antwortete: »Sie sind ein Glückskind, aber eine gewisse innere Unruhe lässt Sie nicht los. Sie müssen sich den Dingen stellen, die Ihnen zu schaffen machen, etwa das Reden vor größeren Gruppen. Es ist alles Übungssache.« Obwohl ich mit ausreichend Selbstbewusstsein gesegnet bin, fällt mir das Reden vor größeren Gruppen sehr, sehr schwer.

Auf Anfragen für Lesungen reagiere ich gerne mit fadenscheinigen Ausreden. Auch das oben erwähnte Jobangebot lehnte ich schließlich nicht nur ab, weil es meinem Golf-Handicap geschadet hätte, sondern auch, weil ich dauernd auf irgendwelchen Vertreterkonferenzen hätte referieren müssen. Schon der Gedanke daran, au weia. Ich habe ja nichts gegen Schmetterlinge im Bauch. Solange sie in Formation fliegen. Doch Leslie sagte, ich solle mich nicht verkriechen, sondern der Welt mit breiter Brust entgegentreten.

Ich glaube zwar immer noch nicht an Horoskope. Aber ich glaube daran, dass ein Mensch wie Leslie Rowe ein prima Tennispartner ist. Man spielt einander die Bälle zu, hin und her, und wird sich selbst dabei über einiges klar. Leslie brachte mich zum Reden, und vieles sprach ich überhaupt zum ersten Mal laut aus, was ja auch schon gut tut. Leslie, und das ist vielleicht ihre große Gabe, könnte auch diese ganze Horoskop-Geschichte problemlos weglassen: Denn man kann einfach sehr, sehr gut mit ihr reden. Und das ist erfrischend.

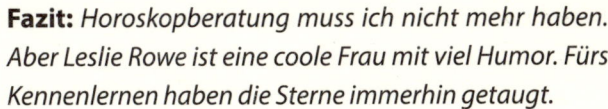 **Fazit:** *Horoskopberatung muss ich nicht mehr haben. Aber Leslie Rowe ist eine coole Frau mit viel Humor. Fürs Kennenlernen haben die Sterne immerhin getaugt.*

Der Flug der Schnur über göttliches Geläuf

Englischer Landlord: Das ist meiner Meinung nach die höchste menschliche Daseinsform. In Tweedjackett und verschlammten Gummistiefeln mit einem aus allen Zylindern ächzenden Range Rover über die Ländereien fahren und am Abend einen rubinfarbenen Portwein vor dem offenen Kamin in der Bibliothek des leicht vor sich hin verrottenden Schlosses genießen, dabei in Shakespeare-Folianten blättern, bei aufkommender Langeweile auch noch, wie in *Die Zwei*, in scharfen Autos leichte Mädchen spazierenfahren und Schwerstkriminelle jagen – was kann man vom Leben mehr verlangen?

Eine echte englische Landlord-Beschäftigung ist auch das Fliegenfischen, das in der begleitenden Literatur ähnlich überhöht wird wie das ebenfalls in Britannien verwurzelte Golfspiel. Es soll eine mythische Dimension besitzen, wie schon der Schriftsteller und fanatische Fliegenfischer Norman Maclean schildert: »In unserer Familie gab es keine klare Abgrenzung zwischen Religion und Fliegenfischen.« Gott wissen sie fest auf ihrer Seite, und seine allmächtige Größe offenbart sich nicht nur in einer gefangenen Bachforelle: »Fliegenfischer glauben, dass man schon an sie gedacht habe, als die Flüsse entstanden.«

Nur ganz kurz, um eventuelle Missverständnisse auszuräumen: Fliegenfischen hat nichts mit der Stubenfliege zu tun, sondern ist eine besondere Art des Angelns mit speziellen Ruten und Schnüren. Die selbstgebastelten künstlichen Köder, die Nymphen und andere Wassertiere nachahmen, heißen »Fliegen« und sind oft äußerst prachtvoll, bunt und durchdacht. Maclean spricht von einer den Fliegenfischern eigenen Theorie der Neugierde: »Die Theorie besagt, dass Fische, wie Menschen, manchmal auf Sachen anspringen, nur weil sie gut aussehen, nicht weil sie gut schmecken.« Und ganz wichtig: Weil die Schnur so schwer und der Köder so leicht ist, sind spezielle Wurftechniken nötig, was dem Sport eine unvergleichliche Eleganz verleiht. Auch wird Fliegenfischen fast immer in Flüssen praktiziert und nur sehr selten am Meer oder gar vom Boot aus.

Ich war also heiß. Doch wo ich mich auch umhörte, in Angelshops in München, Zürich und Grado, bekam ich einen auf die Mütze. Als blutiger Anfänger gleich mit Fliegenfischen zu beginnen, wäre ein Wahnsinn, ja geradezu ein Sakrileg. Fliegenfischen ist bei aller Schönheit so kompliziert, dass man nicht aus dem Stand damit beginnen kann. Man wird kein Stabhochspringer, indem man sich einfach mal so eine Stange schnappt und in Jeans und T-Shirt auf gut Glück losläuft. Man wird kein Weinkenner, indem man als Nichttrinker mit Millesimé-Champagner von Krug anfängt.

Übrigens: Verkäufer in Angelgeschäften sind eine soziale Gruppe, die noch gar nicht ausreichend gewürdigt wurde. Sie verhalten sich meistens sehr seltsam, was daran liegen könnte, dass ihre Kühlschränke im Laden keine erfrischenden Kaltgetränke enthalten, sondern sich windende Maden. Sie leben, wie Mitarbeiter von Comicgeschäften, in einer recht spärlich bevölkerten Parallelwelt und scheinen keinen größeren Wert auf menschliche Umgangsformen zu legen – jedenfalls dann nicht, wenn man erkennbar nicht zu ihresgleichen zählt. Und das spüren die Burschen sofort.

In jedem Fall musste ich mir das Fliegenfischen erarbeiten, indem ich erst einmal mit einer normalen Angelrute Enthusiasmus spüren sollte. Das war eine etwas enttäuschende Erkenntnis, aber da ich ja nicht nur fürs Buch, sondern fürs Leben lernen wollte, fügte ich mich in mein Schicksal. An einem italienischen Frühlingstag, der sich genauso anfühlte, wie es sich gehörte, fuhr ich mit Paolo, meinem Schwager zweiten Grades (oder wie heißt der Mann der Cousine meiner Frau?) an seinen Lieblingsort in der Lagune von Grado. Es war eine sehr abgelegene Ruine sehr außerhalb, die ehemalige Station der Wasserschutzpolizei, die wie alle abgelegenen Ruinen weltweit von Teenagern zu wilden Partys genutzt worden war. Wir stiegen über dezimeterdicke Schichten von zerbrochenen Bierflaschen und mussten wirklich aufpassen, nicht auszurutschen. Das war jetzt nicht das, was ich mir unter Angeln als kontemplatives Hobby vorstellte. Immerhin waren meine stabilen Gummistiefel (englischer Landlord!), über die sich Paolo vorher noch lustig gemacht hatte, jetzt durchaus was wert und jedenfalls besser als seine dünnen Sneakers.

»Angeln verschafft dir Emotionen wie nichts sonst«, hatte Paolo im Auto geschwärmt. »Das Gefühl, einen Fisch zu fangen – du wirst es erleben. Absolut einmalig. Ganz nah dran an dem, wozu wir auf der Welt sind. Jäger und Sammler.«

Wir nahmen uns Seebarsche vor, und meine erste Aufgabe war nicht der elegante Rutenwurf, auf den ich mich schon sehr gefreut hatte. Nein: Meine erste Aufgabe als Angler war es, die lebenden Regenwürmer klein zu schneiden, die wir in einer Styroporschale mit uns führten, um sie als Köder auf den Haken zu spießen. Ich wollte mich nicht anstellen und habe die Arbeit klaglos erledigt, aber zu meinem Hauptberuf würde ich es nicht machen wollen. Ich war noch auf der Suche nach dem, was Lifestyle-Magazine gern »Glamour-Faktor« nennen.

So verging die Zeit. Wir warfen die Schnur aus (das ist nicht besonders schwer, aber in der sonstigen Ereignisstarre ein physischer Höhepunkt) und holten sie wieder ein. Paolo fing einen exakt fünf Zentimeter großen Fisch, zu klein sogar, um ihn exakt zu bestimmen. Er warf ihn zurück. Wir sahen einen Barsch, der ein paar Mal vor uns auf und ab sprang, was für jeden Angler eine tödliche Beleidigung darstellt. Paolo warf den Köder ein paar Mal in seine Richtung aus, aber es war vergeblich.

Dann war ich dran.

Und nach sehr, sehr ...

... sehr, sehr ...

... langer Zeit spürte ich einen Ruck. Paolo wurde, entgegen seiner Art, ganz aufgeregt und gab mir in wenigen Sekunden eine komplette Angellektion, die in ganzen Sätzen etwa folgendermaßen lautet: Wenn man den Biss spürt, dann muss man der Schnur einen Ruck geben, damit sich der Haken fest im Maul des Fisches verfängt. Ich fragte mich: Wollte ich das so genau wissen?

Ich kurbelte und ruckte und spürte die Euphorie aufsteigen. Doch der Haken war leer. Der Köder war zwar angeknabbert, aber das konnte nicht trösten. Es blieb der Höhepunkt unseres Angelausfluges.

Das ganze Männlichkeitsding war natürlich klasse. Bier trinken, ein bisschen quatschen, den ersten Sonnenbrand des Jahres auf der Nase spüren und sich dabei, na ja, halt männlich fühlen. Wobei uns irgendwann die Gesprächsthemen ausgingen, denn wir Männer reden nicht viel, und die aktuelle Saison von Inter Mailand war auch nicht so verlaufen, dass Paolo, der einzige *Interista* in einer großen *Milan*-Familie, groß drüber plaudern wollte.

Ich hätte gern einen Fisch gefangen. Und das Foto auf Facebook gepostet. Auch wenn ich das anschließende Ausnehmen gern Paolo überlassen hätte.

Fazit: *Es wird nicht mein letzter Versuch gewesen sein, mich für die hohe Kunst des Angelns zu begeistern und mich so zum Fliegenfischen, der kontemplativen Königsklasse, hochzudienen. Sicher ist aber auch, dass Angeln zwar beruhigt, ohne Erfolgserlebnisse allerdings schnell seinen Reiz verliert. Beim nächsten Mal brauche ich verwertbare Beute.*

Permanent am Eisen

Nach dem Rippetoe-Training wollte ich mein Glück noch einmal im Kraftraum suchen. Ein gesunder Geist in einem gesunden Körper – dieser Gedanke gefiel mir schon aus einer gewissen Eitelkeit heraus. Und ich hatte Lust am Studio gefunden.

Gut, dass ich Christian Zippel kennenlernte, der das Konzept des Hochfrequenztrainings vertritt. Der studierte Philosoph ist einer der Vordenker der deutschen Bodybuilding-szene; zusammen mit seinem Kollegen Karsten Pfützen-reuther gibt er dem Hanteltraining eine philosophische Untermauerung. Beide hören das Wort »Bodybuilding« nicht gern, weil es so negativ-selbstverliebt klingt.

Warum, frage ich, soll ich überhaupt Hanteln stemmen? Antwort Karsten: »Es geht um Selbstüberwindung und die Kraft, welche man aus diesem Prozess gewinnt. Man muss seine innere Trägheit und die Angst vor dem hohen Gewicht überwinden und somit eine positive Entwicklung in Gang bringen, welche lebensbejahende, kräftigende und gesund-heitsfördernde Prozesse in Gang setzt. Also ist das ganze Training mit Gewichten nur die Manifestierung eines natürlichen

Prozesses, eines ewigen Vorgangs, den es seit Anbeginn der Evolution gegeben hat.«

Früher, sagt Karsten, mussten wir Gazellen, Höhlenbären und Mammuts jagen und uns auch noch mit anderen um die Beute streiten. Wir mussten um Leben und Tod kämpfen und vor Löwen und Säbelzahntigern davonlaufen. Wir mussten fit sein, um zu essen und nicht gefressen zu werden. »Im Sinne der Evolution sind Muskeln also kein Luxus oder eine Freizeitbeschäftigung, sondern eine Notwendigkeit. Wenn ein Mensch seine Muskeln vernachlässigt, dann wird sich das ab einem gewissen Grad der Verkümmerung auch auf anderen Ebenen bemerkbar machen, und er wird krank, depressiv, unattraktiv und einfach zu schwach sein, um ein Leben auf höchstem Level und von höchster Qualität zu führen.«

Und Christian kondensiert die Philosophie noch ein wenig mehr: »Was nicht trainiert wird, baut ab und wird schwach. Leben ist Wachstum. Alles andere ist Sterben.«

Das sind doch äußerst motivierende Aussagen. Doch geschenkt wird einem nichts. Wer wachsen will, muss hart und häufig trainieren, das ist, kurz zusammengefasst, das Konzept des Hochfrequenztrainings – viel Training mit vielen Gewichten, möglichst täglich. Vergessen Sie alles, was Sie je über »Übertraining« gehört haben. »Wenn deine Familie entführt und dir mitgeteilt würde, dass du deine Maximalleistung in der Kniebeuge innerhalb von zwei Monaten um 50 Kilogramm erhöhen musst, oder deine Familie wird exekutiert – würdest du nur einmal pro Woche beugen? Irgendwas sagt mir, dass du beginnen würdest, jeden Tag zu beugen«, sagt John Broz. Ja, es ist eine raue Welt, die Welt der Hantelscheiben und -ständer.

Mehr Motivation gefällig? »Kniebeugen machen Knie stärker. Kniebeugen machen Athleten besser. Kniebeugen sind gut für Kinder, Teenager, Erwachsene, ältere Menschen und jeden anderen, der sie korrekt ausführen kann. Kniebeugen sind ein funktionaler Ausdruck der menschlichen skelettären und muskulären Anatomie, und der menschliche Körper ist geschaffen, um sie auszuführen«, sagt Kniebeugen-Guru Mark Rippetoe. Sokrates, einer der Urväter der Philosophie, assistiert: »Kein Mensch hat das Recht, ein Amateur in den Belangen des körperlichen Trainings zu sein. Welch Schande ist es für einen Mann, zu altern, ohne jemals die Schönheit und Stärke erlebt zu haben, zu der sein Körper fähig ist.«

Der Engländer Dorian Yates, einer der besten Bodybuilder aller Zeiten, sieht nicht aus wie ein Philosoph, aber er hat dennoch ein paar kluge Dinge gesagt. »Kein menschliches Unterfangen ist so frustrierend und unbarmherzig wie Body-building. Dieser Sport gleicht einer qualvoll langsamen, nervenaufreibenden und schier endlosen Reise, bei der man Tag für Tag, Jahr für Jahr seinen Kopf gegen ein und dieselbe Betonwand rammt, bis diese einen Riss kriegt und irgendwann in ferner Zukunft zu bröckeln beginnt, einstürzt und Stück für Stück einen massiveren und besseren Körper zum Vorschein bringt.« Das sagt der achtfache Mister Universum.

Wichtig, auch beim Hochfrequenztraining: Es geht darum, hart zu trainieren. Ich hatte keine Vorstellung von hart. Neue Untersuchungen belegen, dass Bodybuilding nur sinnvoll ist, wenn die Gewichte bis zum Muskelversagen gestemmt werden – und sogar noch ein wenig darüber hinaus. Muskeln wachsen offenbar erst dann, wenn sie über ihr Versagen hin-aus noch beansprucht werden; wenn ihre Belastungsgrenze überschritten ist. In der anschließenden Erholungsphase kehren die Muskeln nicht wieder auf ihr altes Leistungsniveau zurück, sondern bleiben leicht darüber – ähnlich wie bei einem Knochen, der nach einer Fraktur an der Bruchstelle dicker ist. Der ehemalige Mr. Universum Steve Michalik, inzwischen stolze 62 Jahre alt, propagiert daher sein Programm »Intensität und Wahnsinn«. Selbst »in einer Szene, die an verirrten Seelen keinen Mangel kennt« (*Spiegel Online*), gilt Michalik als Extremist. Er ließ seinen Trainingsbereich im eigenen Studio mit Absperrband abriegeln, weil er Angst hatte, die Blicke von Neugierigen könnten ihm die Kraft rauben. Sein Bruder diente zusätzlich als Bodyguard, um Gaffer zu verscheuchen. Wer dennoch hinstarrte, flog durch die Fensterscheibe. Neben Affenhirn schluckte Michalik auch Steroide, die langsam seinen Körper ruinierten, bis seine Ärzte ihm nur noch ein paar Jahre zu leben gaben. Er gab sich daraufhin geläutert und profilierte sich als Verfechter eines drogenfreien Bodybuildings. Statt Anabolika soll nun »qualvoller Schmerz« zum Erfolg führen. Der Körper soll im Studio unter den Hantelscheiben aufjaulen wie ein gemartertes Tier. »Dein Körper wird dich jeden Zentimeter deines Weges bekämpfen«, sagt Michalik, denn »der Körper verändert sich nur, wenn sein Überleben bedroht wird«. Er rät seinen Klienten, immer und immer wieder über die Schmerzgrenze hinauszugehen. Er selbst ist schon in einer anderen Welt angelangt. »Ich suche nach Schmerz, aber ich kann keinen mehr finden. Ich bin weit über den Schmerz hinweg.«

Warum sollten Leute sich im Fitnessstudio quälen? Sind Intellekt und Esprit nicht viel wichtiger als ein schöner Körper? Mag sein, fest steht aber: Je mehr Muskeln du hast, desto aufrechter gehst du durch die Welt. Auch im übertragenen Sinne.

Warum sollten Leute, wenn sie sich schon zum Trainieren aufraffen, auch noch *hart* trainieren? Ja, das war das Gemeine. Hochfrequenztraining ist genauso hart wie das härteste Krafttraining der Welt in Kapitel 2. Und vielleicht sogar härter, weil man täglich ans Eisen muss. Ich schneiderte mir einen Trainingsplan zurecht, der – auch das ist Hochfrequenztraining – jeden Tag eine Ganzkörperübung beinhaltet (Kniebeugen, Kreuzheben) und anschließend noch ein paar weitere Muskelgruppen attackiert.

Und ich legte los.

Und es gefiel mir.

Und ich konnte mich jede Woche ordentlich steigern.

Nach ein paar Wochen war ich ganz tief drin im Krafttraining, redete wie ein Schwerathlet, kaufte mir die Zeitschriften mit den Bodybuildern vorn drauf und las täglich im Internet-Forum der Webseite www.bbszene.de. Mir gefiel sogar die Bodybuilding-Sprache, der Slang der Hantelmenschen – *unser* Slang. Ein Beispiel: Es gibt »Stoffer«, »Discopumper« und »Cardio-Bunnies«. »Stoffer« sind diejenigen, die Wachstumshormone und anabole Steroide schlucken und das Dreifache ihres Körpergewichts drücken. Gern sind sie volltätowiert und übel drauf (sogenannter »Roid Rage« – Steroide machen dich auch außerhalb des Studios aggressiv). Übrigens ein Wahnsinn, was dieses Zeug bewirkt – wüsste ich nicht ganz genau, dass es schädlich ist, würde ich es futtern wie Gummibärchen. Die »Discopumper« trainieren nur Brust und Bizeps, um im Muskelshirt Eindruck zu machen, und die »Cardio-Bunnies« sind die süßen Mädels auf den Laufbändern. Und wenn ein richtig harter Bodybuilder zu einem schweren Gewicht geht, motiviert er sich mit dem Ruf »Light Weights!« (»leichte

Gewichte!«) – der legendäre Ronnie Coleman, achtfacher Mr. Universum, motivierte sich so, wenn er seine 1000-Pfund-Kniebeugen machte.

Schweißtreibendes Training hat zudem erwiesenermaßen antidepressive Wirkung, selbst wenn man es allein für sich betreibt. Forscher der Yale University und der Duke University führten eine Studie an 200 Patienten durch, die sie in vier Gruppen einteilten. Gruppe 1 musste drei Mal pro Woche gemeinsam auf dem Laufband rackern, Gruppe 2 trainierte allein daheim, Gruppe 3 bekam Antidepressiva-Knüppel wie Setralin verabreicht (die amerikanisch-pragmatische Lösung), Gruppe 4 erhielt ein Placebo. 47 Prozent der Setralin-Empfänger fühlten sich besser. Aber auch 45 beziehungsweise 40 Prozent der Trainierenden gaben an, ihre Depressionen seien zum größten Teil verschwunden. Zum Vergleich: Nur 31 Prozent der Placebo-Patienten gaben an, die Depression in den Griff bekommen zu haben. Ergebnis: Das Studio bringt nahezu die gleichen Ergebnisse wie eine Medikamentenbombe. Aber lässt die Nieren heil. Und macht noch eine schicke Strandfigur.

Fazit: *Ich hätte es nicht gedacht, aber tägliches Hantelstemmen macht unglaublich Spaß. Wie ein Bodybuilding-Freund von mir sagte: »Es kommt nicht auf das Auto an, sondern auf den Arm, der aus dem Fenster hängt.«*

The Secret

Zeit: ca. 4-5 Stunden zum Lesen und Staunen

Kosten: 8,99 Euro (Buch »The Secret«)

Wünsch dir was!

Ich habe »Krieg und Frieden« von Tolstoi gelesen, »Rot und Schwarz« von Stendhal, »Unendlicher Spaß« von David Foster Wallace und sogar »Ulysses« von James Joyce, wenn auch erst im dritten Anlauf. Aber ich habe auch eine ungeheure Schwäche für Lebenshilfe-Bücher, insbesondere jene aus den USA, weil ich diesen grenzenlosen Optimismus liebe, der darin mitschwingt. Fern vom Ursprungsland und mit sicherer Distanz zu den Autoren mache ich mich zwar gern darüber lustig, aber in direktem Kontakt zu Land und Leuten können solche Ratgeber durchaus anstecken wirken. Ich habe als 16-Jähriger ein Schuljahr in der texanischen Wüste verbracht, und in dem Alter lässt man sich ja von allem Möglichen beeindrucken. Jedenfalls weiß ich noch bis heute, dass ein Lebenshilfebuch empfahl, man möge täglich fünf Minuten *die Farbe Grün einatmen und die Farbe Schwarz ausatmen*, und schon sei man von allen körperlichen und mentalen Malaisen geheilt. Ein weiteres Buch gab den Ratschlag, wie man auch unangenehme Ereignisse ins Positive drehen könne. An eine Anregung kann ich mich noch gut erinnern: Wenn man seinen ersten Autounfall gebaut hat, möge man noch am selben Abend eine große Party schmeißen, denn man müsse sich ja nun keine Sorgen mehr um den ersten Unfall machen, der sei ja überstanden.

In dieses Umfeld gehört auch das Buch »The Secret« von Rhonda Byrne, ein Welterfolg mit sagenhaften fünf Millionen verkauften Exemplaren. Es gibt auch einen Film von ihr (den gab es, genauer gesagt, sogar schon vor dem Buch), eine große Internet-Gemeinde und jede Menge Merchandising, aber konzentrieren wir uns aufs Buch. Die Botschaft des Buches ist einfach. Wir alle sind Antennen, ist Rhonda Byrne überzeugt, nennen wir es vielleicht lieber Magneten. Und wir sind offen für alles im Universum. Wenn wir uns bestimmte Dinge nur fest genug wünschen, werden sie sich auch erfüllen, früher oder später. Ja, so simpel ist das. Und das wird auf 240 Seiten ausgebreitet in immer wieder neuen Formulierungen und natürlich mit Beispielen garniert. Man solle, empfiehlt Rhonda Byrne, seine Wünsche sammeln und sie niederschreiben, so konkret wie möglich. Sollte das alles wirklich so einfach sein? Dann könnte ich mir ja geradewegs wünschen, ein besserer Mensch zu werden. Testen wir das Mrs. Byrnes Wünsch-dir-was-Prinzip doch einmal mit ganz banalen, materiellen Träumen.

Ich habe mir Folgendes gewünscht:

➢ Ein Handicap von +2 (damit wäre ich unter den besten 100 Amateuren in Deutschland, derzeit zähle ich wohl gerade so zu den besten 1000).
➢ Einen dreistelligen Verkaufsrang für mein Pasta-Buch bei Amazon.
➢ Meine Töchter, die mich fragen, ob ich sie nicht mal mit zum Golfen nehmen könnte.
➢ Einen Lancia Fulvia, Baujahr 1972, in Weiß.

Auf einen einzigen Wunsch soll man sich konzentrieren, heißt es, also beschränkte ich mich auf den Gedanken, dass mein Buch auf einen Amazon-Verkaufsrang zwischen 1 und 999 klettern sollte.

Und dann geschah etwas Seltsames. Ich öffnete den Computer, ging auf die Amazon-Seite und – fand mein Buch auf Rang 11.203. Aha, nun gut. Wusste ich doch, alles Käse. Aber dann ging ich auf Facebook (ja die Welt hat sich verändert. Früher schaute ich als Erstes auf Spiegel Online vorbei, jetzt immer auf Facebook oder Amazon). Und da entdeckte ich eine Nachricht der entzückenden Pressedame von Goldmann. Sie schrieb sinngemäß: Gute Nachrichten, morgen ist dein Buch in der *Freundin*.

Das war eine sehr, sehr gute Nachricht, in der Tat. Ich habe beste Erfahrungen mit Veröffentlichungen in der *Freundin*. Vor gut fünf Jahren fragte mich die dort zuständige Reiseredakteurin, ob ich ein paar Tipps zu Venedig liefern könnte. Ich konnte und erwähnte dabei unter anderem einen Freund, der von seinen Eltern einen venezianischen Palazzo geerbt hatte und daraus ein preiswertes, wunderschönes, zentral gelegenes Hotel gemacht hatte. So eine Unterkunft ist in Venedig wirklich sehr selten. Seither ist das Hotel voll von deutschen *Freundin*-Leserinnen zwischen 35 und 45, die sich reihenweise in den Besitzer verliebten. Mattia wollte mich mal als Dank für eine Nacht einladen, aber seit fünf Jahren finden wir keinen Termin; sein Haus ist immer ausgebucht.

Vor zwei Jahren dann druckte die *Freundin* eine Geschichte von mir über meine zweite Heimat Grado. Ich berichtete darin auch über mein Lieblingsrestaurant »Spaghetti House«. Seitdem kann ich dort praktisch nicht mehr essen gehen, weil sich

Menschen zu mir an den Tisch setzen, um mich für ... el zu loben und mitzuteilen, dass sie nur deswegen ... nach Grado gekommen seien. Ich bin dort richtig prominent geworden und weiß jetzt auch, wie es sich anfühlt, wenn man ständig aus den Augenwinkeln heraus beobachtet wird. Kein Wunder, dass sich die meisten echten Promis zu wunderlichen Zicken entwickeln.

Sprich: Mit einem Buchtipp in der *Freundin* musste mir der Durchbruch auf die Bestsellerlisten einfach gelingen. Für einen Moment erschien mir Rhonda Byrnes Geheimnis ganz und gar plausibel.

Siegesgewiss wünschte ich mir nun, ein besserer Mensch zu werden. Ich schrieb es auf einen Zettel, den ich neben dem Nachttisch unter einer Zeitschrift versteckt hielt, weil es mir doch etwas albern vorkam.

Am folgenden Tag wachte ich leider weder glücklicher noch entspannter auf, und voller Nächstenliebe fühlte ich mich ebenso wenig. Auch in den Tagen darauf passierte nicht viel, obwohl ich intensiv an meinen Wunsch dachte. Als ich dann die Ausgabe der *Freundin* in die Hände bekam und sie nach der Besprechung meines Buches durchsuchte, fand ich schließlich eine zweizeilige Notiz auf den Kochseiten, die man ebenso gut hätte übersehen können. Ich war zutiefst enttäuscht. Doofe Rhonda Byrne.

Fazit: *Einfach Wünschen und Aufschreiben führt nicht zwingend zur Erfüllung. Für mich keine überraschende Erkenntnis. Oder hatte ich nur nicht fest genug daran geglaubt?*

Yoga

Zeit: ein Wochenende mindestens

Kosten: ca. 200 Euro (ein Wochen-
endkurs) plus 15 Euro (Buch »Yoga
für mich«)

Biegsam ins Glück

Meine Arme zitterten, ich blickte auf die Schweißtropfen, die
sich unter mir auf der Matte sammelten und zweifellos von
mir stammten und nicht etwa vom Yogalehrer, der irgendwie
über mir war und an mir herumfuhrwerkte – mehr Beugung
in den Knien, Schultern zurück, Finger mehr spreizen. Ich
befand mich unter ihm in einer Art Liegestütze, auf Händen
und Füßen also, und der Po war Richtung Himmel gestreckt.
Es war sehr, sehr anstrengend. Doch ich biss die Zähne zusammen. »Es ist doch nur Yoga«, schärfte ich mir ein. Außerdem
turnte neben mir eine sehr schlanke Frau, die dabei ganz ruhig
ein- und ausatmete, während ich keuchte. Ich durfte nicht
absetzen. Wenn die das schaffen würde, musste ich es auch
schaffen.

Ich bin so ungelenkig, dass ich in spätestens fünf Jahren
jemanden brauchen werde, der mir die Schuhe zubindet.
Dabei bin ich einigermaßen sportlich, aber um Ihnen eine
Vorstellung von meinen artistischen Fähigkeiten zu geben:
Wenn ich mit gestreckten Beinen mit den Fingerspitzen die
Füße berühren soll, dann komme ich gerade mal in einen
Bereich etwas unterhalb der Knie an. Yoga war für mich der

Alptraum: Könnte irgendwo, bei irgendeiner körperlichen Betätigung jenseits der Rhythmischen Sportgymnastik, meine spezifische Unfähigkeit stärker zur Geltung kommen als beim dehnungsaffinen Yoga?

Doch an Yoga führte kein Weg vorbei. Yoga, Yoga, Yoga. Heute geht's ja nirgends mehr ohne. Frauen- und Männerzeitschriften sind voll davon. Manager machen es ebenso wie Journalisten und andere Arbeitsscheue, die meinen, sie hätten einen stressigen Job und müssten dringend entspannen.

Das Wort kommt aus Indien, und es bezeichnet keinen Sport, sondern eine philosophische Lehre (drunter macht man es in Asien ja nie), und in der Praxis soll es, natürlich, Körper, Geist und Seele harmonisieren. Wie so viele Wörter aus fremden Sprachen kann Yoga vieles bedeuten, gern wird es mit »Integration« oder »Vereinigung« übersetzt, aber auch »Pferdegeschirr« kommt vor, denn unsere Seele ist ja nur eine Reisende. Der Wagen ist der Körper, der Kutscher der Verstand, die fünf Pferde die fünf Sinnesorgane, der Fahrgast die Seele, und das Geschirr heißt »Yoga«. Ganz einfach, oder?

Yoga ist alles – und am Ende die Vollkommenheit. »Es braucht Jahre, um gut zu werden«, flüsterte mir Giuseppe, der Lehrer meines Wochenendkurses[6], gleich zu Anfang zu. Das ist wie mit Zen-Buddhismus. Mein leiser Verdacht dabei: Die Mönche konzentrieren ihr ganzes Leben darauf, ins Nirwana zu gelangen, sodass sie sich am Ende nicht eingestehen können, ihr Leben möglicherweise sinnlos verschwendet zu ha-

---

6 Masseria Torre Coccaro, Apulien. Ohnehin mein Lieblingshotel. Jetzt auch mit eigenem Yogalehrer.

ben. Folglich erklären sie ihre Langeweile zu tiefer Erkenntnis. Aber: Versuch macht klug.

Seit rund 2700 Jahren sind in hinduistischen Schriften Atemübungen dokumentiert, seit etwa 2400 Jahren wird der Begriff »Yoga« verwendet. Etwas, das so lange auf der Welt ist, hat sich im Laufe der Zeit natürlich in hunderte Unterarten aufgefächert, etwa Hormon-Yoga für Frauen in den Wechseljahren oder Antigravitations-Yoga, eine relativ neue Erfindung des Choreografen Christopher Harrison, der in den Achtzigerjahren als junger Tänzer im Film »Footloose« aufgetreten war. Die Schwerkraft, erklärt Harrison, macht uns allen zu schaffen. Sie zieht uns unser Leben lang nach unten und lässt uns irgendwann krumm werden. Warum sie nicht einmal zu unserem Vorteil nutzen, statt gegen sie anzukämpfen? Das ist die Idee hinter Antigravitations-Yoga. Die Übenden hängen an Gummischnüren oder in Trapezen von der Decke und lassen sich bei verschiedenen Positionen von der Schwerkraft wieder geradeziehen. Durch das Gefühl der Schwerelosigkeit entspannen sich die Muskeln und Sehnen, auch wird die Wirbelsäule genau wieder von jener universellen Kraft gerade gezogen, die sie sonst staucht.

Mir sollte erst einmal normales Yoga reichen, eher westlichkörperbetont. Diese Stilrichtung, wenn es denn eine ist, heißt »Hatha Yoga«. 500.000 Deutsche sollen inzwischen Yoga machen, eine unglaubliche Zahl. Es gibt mehr Yoga-Schüler als Tischtennisspieler. Dabei fand ich Tischtennis eigentlich auch immer recht entspannend.

Ein Wort zu meinem Yoga-Lehrer Giuseppe. Ich gebe zu, dass mir eine Blondine lieber gewesen wäre, aber er ist ein sehr netter Kerl. Er hatte lange Volleyball gespielt, dann machten die Knie nicht mehr mit. Also wechselte er zum Kampfsport. Über Karate kam er zu Yoga und war davon so begeistert, dass er seinem Guru nachreiste, erst nach Norditalien, dann zurück in den Süden. Nun lebt er in Apulien und träumt von einem eigenen Studio. Aber ist das tiefenentspannte Süditalien reif für Yoga? Im hektischen Großstadtleben findet man wohl eher Menschen, die bereit sind, Geld dafür zu bezahlen, um mal eine Stunde Ruhe zu genießen.

Das lange Verharren in anstrengenden Positionen zwingt zu Gedankenwanderungen der eher angenehmen Art. Ich dachte lange über meinen Golfschwung nach, und statt mich selbst zu zersetzen, legte ich im Geist eine Art Schablone der besten Schwünge aller Zeiten über meinen Schwung, alles war ganz harmonisch. Dann musste ich wieder an meine zitternden Arme denken. Aber für ein paar Sekunden war ich so ätherisch entrückt wie ein Waldgeist. Ein Maiwaldgeist.

Giuseppe schonte mich nicht, aber aufgrund meiner Ungelenkigkeit musste er zu Hilfsmitteln greifen, nämlich blauen Schaumstoffsteinen, auf denen ich abwechselnd Platz nahm oder auf die ich mich aufstützen durfte. So musste ich nicht in die volle, mir ohnehin unmögliche Dehnung gehen wie die schlanke Dame neben mir. Das mit dem Schaumstoff sah etwas albern aus, aber mich sah ja keiner. Und Giuseppe ging mit mir um, als wäre ich ein Supertalent. Nach etwa einer halben Stunde wurden die Kraftübungen heruntergefahren. Wir begannen, uns in halbwegs bequeme Positionen zu setzen und tief zu atmen. Das fühlte sich an wie eine Belohnung.

Was mir an Giuseppe am besten gefiel: Am Ende jeder Yogastunde legten alle ihre Hände wie zum Gebet zusammen und sagten »Namaste«, ein Gruß, der etwa so viel bedeutet wie »Das Göttliche in mir schätzt das Göttliche in dir«. (Unglaublich, was derart kurze Wörter auszudrücken vermögen, oder?) Bei diesem etwas merkwürdigen Prozedere musste er selbst lächeln, denn es ist ja doch etwas komisch, wenn Menschen, die Indien nur von Fotos oder vierwöchigen Rundreisen kennen, plötzlich in irgendwelche Rituale verfallen, deren Sinn man wohl nur als Einheimischer begreift.

Am Ende des Wochenendkurses fühlte ich mich zehn Zentimeter länger. Jeden Morgen war ich aufrechter zum Frühstücksbuffet im Hotel gegangen. Der Gang, doch, der fühlte sich lässig an. Giuseppe bescheinigte mir sogar, »molto bravo« gewesen zu sein. Was mich zu der nächsten Überlegung bringt: Will man als Mann wirklich gut im Yoga sein? Sind Männer, die gut im Yoga sind, nicht eher ziemlich suspekte Gestalten? Typ hagerer Asket mit unverrückbarer Weltanschauung, vor allem zu Themen wie Vegetarismus und Ökologie? Das ist nicht nur dahingesagt: Bei mir im Münchner Fitnessstudio trainiert einer dieser Typen. Barfuß. Er belegt drei Geräte gleichzeitig, an denen er dann mit den kleinstmöglichen Gewichten sehr langsame Wiederholungen macht und dabei immer ganz korrekt atmet. Ja, sein korrektes Atmen klingt wie ein stiller Vorwurf an uns andere, die es nicht tun. Mal kurz dazwischen gehen darf man nicht, das stört seinen Rhythmus. In den langen Pausen zwischen den Geräten macht er Dehnübungen. Ja, er kann seine Füße hinter den Kopf packen wie Bugs Bunny, aber so recht beeindrucken tut mich das nicht.

Keine Lust auf einen Yogakurs? Dann kommt hier eine ganz einfache Übung, die Sie schon morgens auf dem Weg zum Bäcker oder ins Büro machen können. Sie nennt sich »brasilianischer Gang«, denn wer schon einmal in Südamerika war, der weiß: So schlendert man an der Copacabana. Gehen Sie mit zurückgezogenen Schulterblättern und nach außen (also nach vorn) gedrehten Handflächen durch die Stadt. Das ist eine fantastische Yoga-Übung. Der Gang erinnert zunächst an Terence Hill, der einen Saloon betritt. Doch dieser Gang beinhaltet eigentlich alles, was ein guter Yoga-Schüler anstreben sollte: Selbstbewusstsein und Offenheit zugleich, geerdetes Dasein und Toleranz, geweiteter Brustkorb und tiefe Atmung. Vielleicht ist das ja die effektivste Yogaübung aller Zeiten.

Nachtrag: Der Berufsverband der Yogalehrenden in Deutschland, der sich komischerweise BDY statt BYD abkürzt, veranstaltet gerade, als ich diese Zeilen schreibe, einen Kongress zum 45-jährigen Bestehen, unter dem Motto: »Yoga – Von der Matte ins Leben«. Genau: Transportieren wir die Ruhe in die Welt hinaus.

> **Fazit:** *Doch, taugt. Etwas langweilig vielleicht, aber angenehm. Gerade beim Yoga wird es so intim, dass der richtige Lehrer (oder die richtige Lehrerin) alles ist. Und der brasilianische Yoga-Gang macht viel her, probieren Sie's aus.*

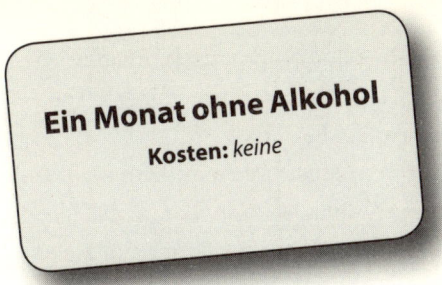

Ein Monat ohne Alkohol
Kosten: *keine*

Spaßbefreite Abstinenz

Das Tapferste, was ich je getan habe: Ich habe mir einst das Rauchen abgewöhnt. Das war 1998, und ich war *heavy user*. Die erste Zigarette verendete meist mit einem Zischen in der Eierschale auf dem Frühstückstisch.

Laut der Weltgesundheitsorganisation WHO ist Nikotin eine der am stärksten abhängig machenden Drogen, viel stärker als Alkohol und ganz nah bei Crack. Das ist jedenfalls eine Studie, die ich seit Jahren zitiere, um das Heroische meiner Tat zu untermauern; jetzt, just beim Recherchieren (also Googeln) für dieses Buch, finde ich die Studie nicht mehr, aber egal: Ich habe sie so oft erwähnt, dass sie in meinem Universum definitiv existiert; und meine auf dieser Studie basierende Theorie ist, dass ich mir, weil ich vom Nikotin losgekommen bin, jetzt so ziemlich alles erlauben kann. Wer Nikotin besiegt, kriegt jede Sucht in den Griff.

Aber: Ich bin ein Fan von Alkohol. Ich trinke zwar nur Bier und Wein und nur zur größten Not mal einen Prosecco oder einen Champagner. Seit 15 Jahren habe ich keine harten Sachen mehr angerührt, weder pur noch gemixt, was deswegen nicht einfach ist, weil ich ja in Italien in einer ausgesprochenen

Grappa-Region wohne und der Grappa praktisch unaufgefordert nach jeder Mahlzeit auf den Tisch kommt. Freut sich halt mein Schwager über die doppelte Ration.

Bier und Wein allerdings – vor allem Wein – trinke ich viel, gern und regelmäßig. Meine Lieblingsstudie, um mich gegen Vorwürfe abzusichern: Manche Wissenschaftler halten es sogar für bedenkenlos, täglich eine Flasche Wein zu trinken[7]. Aber: Ich wollte versuchen, auf Alkohol ganz zu verzichten.

Ab wann ist man eigentlich Alkoholiker? Jemand, der jeden Tag trinkt? Der Großvater meines Freundes Vittorio Muolo aus Apulien hat nie in seinem Leben auch nur einen Schluck Wasser getrunken. »Wasser unterspült Brücken«, pflegte er zu sagen. Er trank mit der Maßhaltung, die nur Italiener drauf haben, mittags ein Glas Wein und abends ein Glas Wein. Er wurde sehr alt. Mein Urgroßvater trank keinen Alkohol – außer jeden Morgen nach dem Frühstück ein Glas Schnaps. Er wurde 97 Jahre alt.

Man schätzt, dass mittelalterliche Mönche bis zu zehn Liter Bier am Tag tranken. Zugegeben, das damalige Bier war dünner und diente außerdem als Nahrungsersatz. Zumal war das Bierbrauen sinnvoll: Minderwertiges Getreide einer Missernte konnte nicht mehr zu Brot verarbeitet werden, sehr wohl aber noch zu Bier.

Goethe soll zum Frühstück ein bis zwei Gläser Weißwein getrunken haben. Das war sicherer als verunreinigtes Brun-

---

7 Die französische Académie de Médecine hat die unschädliche Alkoholaufnahme mit einem Gramm pro Kilogramm Körpergewicht und Tag festgelegt. Dies entspräche bei einem 70-Kilo-Mann etwa einer Flasche Wein täglich. Bei meinen 90 Kilo könnte ich mir vorab sogar noch ein großes Bier gönnen. Franzosen: gute Leute.

nenwasser, und Kaffee oder Tee waren damals noch sehr teure Luxusgüter.

Die vielfach anzutreffende Definition von Alkoholismus, wer täglich trinke, sei hochgefährdet, stempelt ganze Völker wie Italiener und Franzosen zu Alkoholikern ab; interessanterweise sind das genau jene Völker, die in der Statistik eine verblüffend hohe Lebenserwartung aufweisen, was gerade in Italien mit seinen überlasteten Krankenhäusern und der katastrophalen Notfallversorgung auf dem Land oder den abgelegenen Inseln ganz sicher nicht an besonders hohen medizinischen Standards liegt. Ja, Italien verzeichnet, knapp nach der Schweiz, die höchste Lebenserwartung in Europa, höher sogar als Deutschland.

Dennoch: Vielleicht beschert Abstinenz mir ja ein Glücksgefühl. Denn insgesamt betrachtet, trinke ich wahrscheinlich ein wenig zu viel. Erstens gehört sich das wohl so, weil ich ja kreativ tätig bin (andere Drogen fasse ich nicht an, immerhin – die Medienwelt soll ja voll von Kokain sein; ich habe bislang nichts davon mitbekommen). Zweitens steht in Italien immer eine Flasche Wein auf dem Tisch. Dass Italiener einen ganzen Abend lang nur ein einziges Glas trinken können, ist eine Fähigkeit, um die ich sie sehr beneide. Kurzum: Mein deutscher Durst trifft auf italienische Gelegenheit, mitteleuropäische Mengengelüste prallen auf mediterrane Wahlmöglichkeiten.

Natürlich wird jeder Versuch, abstinent zu leben, schon von meinem italienischen Schwiegervater spektakulär unterlaufen. Ständig lädt er zu Festen ein, mal auf der Terrasse mit Hafenblick, mal mitten in der Lagune, mal in einem schönen Restaurant, mal in einer Pizzeria. Wie ist es wohl, so einem

Fest beizuwohnen, ohne einen einzigen Schluck Wein zu trinken?

Als Vorsichtsmaßnahme legte ich die Zeit der Abstinenz
zwischen eine Reportage für eine große deutsche Reisezeit-
schrift, in der es ausdrücklich auch um Winzer gehen sollte
(das wäre was gewesen, dort keinen Wein zu trinken und
anschließend kennerhaft darüber herumzufabulieren) und
die Hochzeit meines Schwagers. Da, das war sicher, würde
ich, wie alle anderen auch, ordentlich zulangen wollen und
müssen.

Vielleicht würde ich in den vier Wochen ein paar Kilogramm
abnehmen? Alkohol ist ja nicht nur selber eine Kalorienbom-
be, sondern verleitet auch noch zum Vielessen und hektischen
An-den-Kühlschrank-rennen-und-Joghurt-Auslöffeln, von den
Süßigkeiten und Chips gar nicht zu reden.

Aber genug der Vorrede – Tag eins war ein Sonntag. Kein
Problem. Tag zwei war ein Montag. Kein Problem. Tag drei?
Einladung zum Aperitivo. Nein, danke, ich bleibe dann mal
lieber daheim.

*Und so gingen die Tage gleichmäßig dahin, einer nach dem
anderen*, hätte Thomas Mann es beschrieben. Keine beson-
deren Vorkommnisse, aber nun auch nicht gerade was richtig
Aufregendes.

Doch immerhin: Abstinenz, das merkte ich schnell, macht
effektiv. Da man ja nicht mehr auf dem Sofa kuschelt und sich
am Glas Wein festhält und den Abend gemütlich mit einem
ganz leichten Glimmer ausklingen lässt, bekommt man Dinge
erledigt. Ich ordnete meine Steuerbelege, schrieb eine lästige
Kolumne fertig, die schon lange fertig gewesen sein sollte, und
ging auch früh, nämlich mit meinen Kindern, ins Bett, statt bis

Mitternacht auf obskuren TV-Kanälen herumzuzappen und, meistens vergeblich, auf etwas Interessantes zu hoffen. Dementsprechend war ich morgens schon sehr früh auf, und noch bevor ich den Kakao für die Kleinen anrührte (eine meiner intrafamiliären Kernkompetenzen), hatte ich schon zwei Artikel geschrieben. Das erste Wochenende war ein erster echter Test, aber das Wetter half mir – es gewitterte zwei Tage lang, wir verkrochen uns in unserer Wohnung. Ich kam gar nicht erst in die Versuchung, eine kreisende Proseccoflasche nicht weiterreichen zu können, weil das doch irgendwie albern wäre. Außerdem schlief ich gut. (Echte Alkoholiker leiden beim Entzug unter schweren Schlafstörungen, hatte ich gelesen. Ich machte mir offenbar entschieden zu viele Sorgen.)

Auch meinem Fitnessfimmel kam die Abstinenz entgegen. Jedenfalls schaffte ich zwei neue Bestmarken im Kreuzheben und im Bankdrücken. Ob das mit dem Alkoholverzicht zu tun hatte?

Was mir am Abend ein bisschen fehlte, war der herb-säuerliche alkoholische Geschmack, aber da fand ich schnell Abhilfe. Ein schöner Gingerino mit Eiswürfeln wurde zu meinem Wellnessprogramm. Alkoholfreies Bier oder gar alkoholfreien Wein hatte ich mir untersagt, das wäre irgendwie geschummelt gewesen. Außerdem schmeckt das Zeug wirklich übel.

Am Beginn von Woche drei und den parallel dazu beginnenden sommerlichen Temperaturen wurde es langsam anstrengend. Das Essengehen mit Freunden wurde mir etwas zäh, denn es ist ja wohl klar, dass Wein komplexer schmeckt als Wasser. Ja, man kann auch ohne Alkohol Spaß haben, aber nicht so viel. Als Entschädigung bekam ich ein paar Schulterklopfer von meinen italienischen Freunden, für die

Alkoholmissbrauch ja gar nicht existiert, weil sie sich nur ein einziges Glas am Abend genehmigen. Im Italienischen gibt es nicht einmal ein Wort für »Kater«. Wobei (ich zitiere mich selbst) man davon ausgehen darf, dass sie vielleicht kein Wort dafür haben, aber mit Sicherheit etwas verspüren, was dem Kater sehr ähnlich ist, wenn sie am Tag nach dem Münchner Oktoberfest-Besuch erwachen.

Am dritten alkoholfreien Sonntag stellte ich mich aus Langeweile auf die Waage. Und siehe da: Ich hatte zwei Kilo *zu*genommen. Wie der anschließende Blick in den Spiegel verriet, waren es keine Muskeln. Wie konnte das passiert sein? Ich konnte es mir nicht erklären. Hatte ich aus Kompensation abends viel genascht? Möglich. Aber das störte mich dann doch gewaltig. Sollte ich wegen des Alkoholverzichts auf dem schnurgeraden Weg in ein nicht nur asoziales, sondern auch noch fettleibiges Leben sein? Würden bald Pfleger kommen müssen, um mich im Bett zu wenden? Ich las das, was ich in den drei Wochen geschrieben hatte. So toll war das alles nicht. Ich war hellwach und fleißig, aber wirklich Großartiges hatte ich nicht zustande gebracht.

Überhaupt: Gibt es einen gefährlicheren Menschenschlag als jenen der Fleißigen, aber Dummen? Lieber faul und clever – von diesen Typen droht selten Gefahr. Das Unglück der Welt kommt von all jenen, die mit großen Anstrengungen unsinnige Ziele verfolgen.

Hinzu kam, dass mein Schwiegervater am Dienstag ein Fest mitten in der Lagune organisiert hatte. Es sollte frittierte Sardellen geben, Polenta mit Tintenfisch, Pasta mit Meeresfrüchten. Und reichlich kühlen Weißwein. Ich rang mit mir, aber ich fasste den Entschluss, mir weder das Fest noch den Weißwein entgehen zu lassen. Zumal der Winzer des Weißweins anwesend sein würde. Wie unhöflich wäre es, seine Erzeugnisse zu verweigern? Eben.

Nach drei Wochen und zwei Tagen brach ich also mein alkoholbefreites Leben ab. Nach zwei Gläsern Wein war mir zwar schwindlig, aber ich fühlte mich wieder zurück im Leben. Ein berühmter Schinkenhersteller aus San Daniele, 75 Jahre, zeigte mir, wie man vernünftig horizontal schmale Streifen aus der Keule schneidet; später, wurde mir berichtet, hätte ich auf dem Tisch getanzt und mich an einem Medley aus der deutschen und italienischen Nationalhymne versucht. (Nein, so schlimm kann es nicht gewesen sein.)

In den drei Wochen ohne Alkohol bin ich bei meinen langen Recherchen übrigens auf keinen einzigen Kreativen von gewissem Rang gestoßen, der abstinent gelebt hätte – mit Ausnahme des deutschen Schriftstellers Maxim Biller, der tatsächlich nur Wasser trinken soll. Dass Schreiber und sonstige Künstler eher gerne richtig hinlangten, ist ja bekannt. Legendär das Bonmot des Schriftstellers und Mediziners Gottfried Benn: »Potente Gehirne stärken sich nicht durch Milch.«

Hey – ich bin wieder da!

Fazit: *Drei Wochen und zwei Tage lang nur Wasser trinken. Die Abstinenz hat mich zwar produktiv, aber nicht besser gemacht. Dann lieber etwas weniger produktiv und unpünktlich in Steuersachen, aber dafür gute Geschichten schreiben. Prost!*

Hätte ich mal meinen Teddybären mitgebracht …

Zurück zur Einfachheit. Zuerst dachte ich an ein Kloster. Doch die meisten Klöster akzeptieren als Gäste nur junge Männer zwischen 16 und 26. Ja, klar, es geht ihnen dabei um PR-Arbeit für den immer stärker ausbleibenden Nachwuchs, aber das hatte dennoch einen etwas merkwürdigen Beigeschmack. Und es erinnerte mich an eine Diskussion mit meiner Frau darüber, ob wir vielleicht ein Au-Pair-Mädchen für unsere Töchter engagieren sollten. Als ich im Spaß sagte, dass wir uns nicht nur Zeugnisse, sondern auch Fotos schicken lassen sollten, war die Diskussion nicht nur vorbei, sondern auch das Eheklima für ein paar Tage merklich abgekühlt.

Auch kamen mir Klöster zu, äh, *klösterlich* vor. Ich hatte schreckliche Filmszenen mit Flagellanten, Scheiterhaufen und Pesttoten vor Augen. Ich weiß, das ist ungerecht, aber ich kam nicht raus aus dem Kopfkino.

Die Abgeschiedenheit einer Almhütte vielleicht. Das wäre doch was! Hoch in den Bergen sah ich mich beim Holzhacken und Wasserpumpen und nach einer Woche als wettergegerbter Naturbursche zu den verweichlichten Talbewohnern hinabsteigen. Doch schließlich kam mir die perfekte Idee: Ich würde mich auf eine Insel zurückziehen! Eine einsame Insel – was konnte es Passenderes geben für meinen Rückzugsplan als so eine Robinsonade. Während ein Kloster, auch ein Schweigekloster, nur virtuelle Einsamkeit bedeutet (in Wirklichkeit könnte man jederzeit einen Mönch ansprechen, und wenn es brennt, kann man »Feuer« rufen und wird damit auch in einem Schweigekloster ziemlich sicher erhört), verspricht eine Insel tatsächliche, vollständige Abgeschiedenheit.

Und der Clou: In meiner zweiten Heimat Grado werden seit Neuestem genau solche kontemplativen Urlaube angeboten, in den Fischerhütten auf einigen Inseln in der Lagune. Diese Hütten, *casoni* genannt, waren bis vor zwei Generationen noch von Fischern bewohnt, dann verfielen sie oder wurden als sommerliche Grill-Treffpunkte der Gradeser benutzt, denen es am Strand zu touristisch zuging.

Sieben dieser Inseln sind seit Frühjahr 2012 zu mieten. Ich war der erste Tourist, der sich dort einmietete. Allein, ohne Frau und Kind, etwa 15 Minuten Bootsfahrt von der Hauptinsel Grado entfernt und 30 Minuten vom Festland.

Die erste Frage, die sich der moderne Mensch stellt: Was ist mit dem Handy – sollte ich ein Handy mitnehmen? Natürlich nicht, war mein erster Impuls. Auf der Insel drohte mir keine Gefahr, von einem Eingeborenenstamm in einen großen Kessel mit kochendem Wasser geworfen zu werden. Aber dann dachte ich: Wegen dieses Buches an einem Blinddarmdurchbruch zu sterben, muss ja nun auch nicht sein. Also kam das Handy mit, blieb aber ausgeschaltet. Schreibkram kam auch mit, aber kein Laptop, nur Stifte und Papier. Dann erst ging es ans eigentliche Packen. Lesestoff, Unterhosen, Zahnbürste.

Außerdem stellte ich mir ein Verpflegungspaket zusammen; für künftige Urlauber werden, ähnlich wie beim Bootschartern, fertige Pakete angeboten. Das Packen machte Spaß, ich fühlte mich wie vor einer großen Expedition. Was es in meinem kleinen, bescheidenen Kosmos ja auch war.

Die Wettervorhersage war günstig, mein Schwager fuhr mich in seinem Boot rüber. Die von mir angemietete Insel »Valle del Moro«[8] verfügte über ein kleines gemauertes Haus mit einem Wohn- und Esszimmer und zwei Schlafzimmern, einmal mit großem Ehebett, einmal mit Hochbett. Aus Übermut entschloss ich mich fürs Hochbett, oben. In der kleinen Küche funktionieren Kühlschrank und Elektroherd. Dann erklärte mir mein Schwager den für die Stromversorgung zuständigen Dieselgenerator, der etwa 80 Meter vom Haupthaus entfernt untergebracht war und tief brummelte. Nach den ersten beiden Sätzen hörte ich nicht mehr zu und nahm mir fest vor, die Finger von diesem Ungetüm zu lassen.

Es war 19 Uhr, mit meinem Schwager trank ich noch ein finales Bier, dann fuhr er ab und ließ mich allein zurück. Es war ein wunderschöner Abend mit ein paar Wolken am Himmel, welche die untergehende Sonne als Malfarben benutzte. Ja, genau, solche Sätze wollte ich fortan schreiben! Zudem wollte ich mir einen Vollbart wachsen lassen, nur um dem Abenteurer eine würdige Gestalt zu geben. Dann ging die Sonne unter, es wurde dunkel, ich machte mir Licht sowie ein paar Nudeln mit Fleischsauce und öffnete eine Flasche Rotwein. Um 22 Uhr lag ich im Bett. Hochbett, oben.

---

8 Ein Teil der Insel gehört praktischerweise meinem Schwiegervater, was mir die Organisation ungemein erleichterte, siehe auch Seite 156f.

Die Abendstunden in dem fremden Bett erinnerten mich ans Übernachten im Landschulheim in der 9. Klasse. Bloß, dass unter mir keiner Marks Strohrum auskotzte und neben mir keiner mit Esther aus Trier rumknutschte.

Gegen 3 Uhr nachts schlief ich endlich ein. Am Morgen war ich trotzdem schon um 7 Uhr wach. Ich stand auf, kochte Kaffee in diesen kleinen schicken italienischen Maschinchen zum Aufschrauben und machte einen Gang um meine Insel, die von oben aussah wie die Hand einer Disneyfigur, mit vier je 150 Meter langen Fingern, zwischen denen das Lagunenwasser schwappte. Dann – ich musste ja eine Woche auf mein geliebtes Hanteltraining verzichten – machte ich 100 Liegestütze. Dann war es 7.45 Uhr. Ich kochte noch einen Kaffee und machte noch eine Runde. Dann war es 8.15 Uhr. Vielleicht hätte ich besser keine Uhr mitnehmen sollen?

Ich zählte Krebse zwischen Insel-Finger drei und vier. Ich besuchte die Schwanenfamilie hinter Finger vier mit erstaunlichen elf grauen Minischwänen. Heißen kleine Schwäne auch Küken? Und elf – so viele auf einmal, sind die alle von einer Schwanenmutter (= Henne?)? Oder war das eine Art Kindergarten? Ich machte mir noch einen Kaffee, dann legte ich mich hin. Dann las ich, dann schrieb ich.

Dann war endlich Mittag, und ich machte mich daran, mir ein Mittagessen zuzubereiten. Nudeln, leicht angebraten, in Butter geschwenkt, und eine Dose Thunfisch für die Proteine. Dann legte ich mich wieder hin. Beim Wegdämmern fiel mir ein, dass ich seit vielen Stunden kein Wort mehr gesagt hatte. Ich machte einige Stimmübungen, die ich von meiner Schwester aus dem Theater aufgeschnappt hatte:

Über die riesigen Wiesen rieselt der winzige Kiesel.
Über das Riesige rieselt das Winzige.
Witzblatt – blitzblank – blitzblank – Witzblatt.
Festwurst – Nieswurz – Nieswurz – Festwurst.

Und das von mir stets verstolperte

Max Wachter macht acht Wachsmasken,
acht Wachsmasken macht Max Wachter.

Glück gehabt, ich war noch bei Stimme. Holprig zwar, und ich verspürte auch eine leichte Heiserkeit im Hals. Aber ich war ja auch ein ausgewachsener Hypochonder.

So richtig schlafen konnte ich nicht, um 14 Uhr machte ich eine weitere Kontrollrunde über die Insel. Dann las ich, dann schrieb ich. Dann versuchte ich zu meditieren, dann machte ich ein paar Yoga-Übungen. Doch nichts, wirklich nichts, konnte mir und meinem Geist erklären, was ich hier eigentlich tat.

Der Mensch ist ein soziales Wesen, vielleicht sogar ein Homo ludens. Ich hatte nicht einmal jemanden zum Burraco, jenem italienischen Kartenspiel, mit dem sich schon Generationen die Zeit am Strand vertrieben haben und das zu jedem echten Casoni-Nachmittag gehört! Friedrich Schiller pflichtete mir bei: »Der Mensch spielt nur, wo er in voller Bedeutung des Worts Mensch ist, und er ist nur da ganz Mensch, wo er spielt.« Was also machte ich hier, ich soziales Wesen fernab der Gesellschaft?

Die Sonne ging unter, die Möwen kreischten, die Insekten krabbelten. Vielleicht hätte ich ein romantisches Bild von alldem entwerfen können, so wie Henry David Thoreau. Ich hätte auch verfeindete Ameisenstämme beim Kampf beobachten können, aber ich stellte fest: Einsamkeit war einfach nichts für mich. Vor der zweiten Nacht schaltete ich das Handy an und telefonierte mit Frau und Töchtern.

Ich hatte mir fünf Tage als Mindestziel gesetzt. Nach drei Tagen (oder, pessimistischer ausgedrückt, zwei Nächten) hatte ich die Nase voll und rief meinen Schwager an. Ich hatte Sehnsucht nach meiner Frau, meinen Kindern und meinen Freunden. Mit denen übrigens so ein Insel-Urlaub sicher ganz klasse wäre. Der Einsiedlerquatsch war nichts für mich. Mein Experiment war beendet.

Fazit: *Ich habe in der Einsamkeit keinen Spaß gehabt. Und ich kann mir nicht herbeireimen, was freiwillige Abgeschiedenheit irgendjemandem an geistiger Reife bringen soll, wenn doch das Leben eine einzige riesige Interaktion ist. Lernt man das Autofahren sonntags mit ausgeschaltetem Motor und ganz allein auf einem Ikea-Parkplatz? Eben.*

Das zahnlose Orakel

Sie ist ein Engel. Sie ist 95 Jahre alt und wird respektvoll *Zia Maria* genannt, Tante Maria. Sie ist der gute Geist für jeden. Jeder kann zu ihr kommen, in dringenden Fällen darf man sie sogar anrufen. Sie wohnt in einer kleinen Wohnung in dem apulischen Fischerdorf Savelletri, Erdgeschoss, Hauptstraße, zwei winzige Zimmer, kleine Terrasse zur Straßenseite wenn man ganz rechts steht und sich etwas übers Geländer lehnt, kann man die Straße bis zum Hafen herabblicken. Die Einrichtung: ein Bett, eine Kommode und ein Schrank im einen Zimmer, Herd, Tisch und Stuhl im anderen. Es riecht nicht nach alten Leuten, sondern nach Sauberkeit, und ich weiß, wovon ich rede: Ich gehöre zu der Generation von Zivildienstleistenden, die noch volle zwei Jahre ran mussten, und im Mobilen Sozialen Hilfsdienst hatte ich mit vielen Damen zu tun, die ähnlich alt waren wie Zia Maria Campanella, aber längst nicht mehr so fit. Das Bett ist frisch bezogen, als wir morgens um 9 Uhr zu ihr kommen. Sie sitzt, in einem Blümchenkleid und mit Kopftuch bekleidet, empfangsbereit vor ihrer Tür. Die Zähne, ja, die sind nicht mehr da, jedenfalls bis auf ein paar Stummel nicht. Wir machten einen Überraschungsbesuch.

Die Autorin Katja Büllmann, die über Zia Maria und andere bemerkenswerte Menschen in Apulien ein sehr schönes Buch geschrieben hat, begleitete mich. Überraschungsbesuch – so etwas würde mir ja schon auf die Nerven gehen. Wenn jemand unangemeldet morgens um 9 Uhr an meiner Tür klingelt, muss er damit rechnen, dass sie verschlossen bleibt. Doch Zia Maria nahm mich, den Unbekannten, spontan in die Arme. »Che bel ragazzo«, sagte sie, und ich strahlte.

Zum Hintergrund: Menschen wie Zia Maria gibt es in vielen Orten Süditaliens. Sie sind Gesundbeterinnen und schützen vor dem gefürchteten bösen Blick. Natürlich, erst kommt Gott, dann sein Stellvertreter, dann Padre Pio, ein Kapuzinerpriester mit Stigmata, der Anfang des 20. Jahrhunderts in Süditalien wirkte. Dann kommt der Priester des Ortes. Aber wenn sie alle nicht helfen können – und es ist ja oft so, dass das Leben nicht nach Wunsch verläuft –, dann kommen Persönlichkeiten wie Zia Maria ins Spiel. Man ruft sie sogar aus dem Norden an und bittet um ein kleines Gebet. Und wenn das Beten nicht genügt, dann zelebriert sie auch mal ein ganz großes Ritual: Sie fragt nach dem Namen des Besuchers, gießt Wasser in einen tiefen Teller und Olivenöl in ihre Hand; von dort gibt sie von einer Messerspitze drei Tropfen Olivenöl ins Wasser. Dann wird gemurmelt, dann werden die Augen geschlossen, dann schickt sie ein paar Stoßgebete gen Himmel.

So viel Würde, so viel Wärme, und das im Angesicht altersbedingter Gebrechlichkeit und des, mit Verlaub, recht nahen irdischen Endes – es gab in meinem Leben bisher kaum eine Person, von der ich stärker beeindruckt war als von Zia Maria.

Also fragte ich sie vertrauensvoll: »Zia Maria, was muss ich tun, um ein besserer Mensch zu werden?«

Sie lächelte vielsagend, zeigte mir ihre zwei gelben Zahn-stummel und streckte ihren dünnen Arm nach mir aus. Dann kniff sie mir forsch und fest in den Oberarm – wirklich kräftig für eine 95-Jährige. Und dabei lächelte sie noch ein wenig mehr. Dann streichelte sie mir die Wange, und dafür musste sie sich schon ordentlich strecken. »Bravo ragazzo«, murmelte sie weiterhin lächelnd, und noch einmal: »Bravo ragazzo.«

Seltsam. Hieß das Kneifen, dass ich die Antwort in mir selbst suchen musste? Dass ich gar schon am Ziel angelangt war?

Ja, es war nur ein kurzer Besuch. Und eine denkwürdige Begegnung. Machen wir doch einfach jeden Tag das Beste aus unserer endlichen Existenz, schien sie mir sagen zu wollen. Stehen wir jeden Morgen mit einem Lächeln auf, egal, was zwickt oder drückt. Wenn eine 95-Jährige das schafft, dann sollten wir es wenigstens versuchen.

Ich fühlte mich wie nach einer erfrischenden Dusche. Voller Zuversicht und Tatendrang. Danke, Zia Maria.

Fazit: *Ein Besuch bei Zia Maria in Savelletri ist ein einmaliges Erlebnis. Wer die Chance hat, möge sie unbedingt wahrnehmen, solange es noch geht.*

Vegetarisch leben

Zeit: vier Wochen (so der Plan)

Kosten: keine zusätzlichen (wer auf Fleisch und Fisch verzichtet, kauft dafür mehr Obst und Gemüse ein)

Das ganz grandiose Scheitern

In seinem Roman *Krieg und Frieden* bezeichnet Tolstoi die Deutschen, die im russischen Generalstab gegen die Franzosen mitdilettieren, als »Wurstesser«. Ich bin gegen Klischees, kann das ausnahmsweise aber voll und ganz bestätigen. Ich komme aus Braunschweig. Dort gibt es nur Formfleisch und Würstchen. Ich liebe meine Heimatstadt, aber das Essen dort ist, gelinde gesagt, eine Katastrophe. Man muss schon auf japanische oder italienische Restaurants ausweichen, um irgendetwas auf den Teller zu bekommen, das nicht aus einer Vakuumverpackung geschnitten und in einem Pfund Butter gebraten wurde.

Und ich glaube, dass Vegetarier hundertprozentig im Recht sind. Dass so ungeheuer viele Witze über sie gerissen werden, liegt einzig am schlechten Gewissen der Nicht-Vegetarier. Wer einmal der Schlachtung eines Tieres beigewohnt hat (ich habe als Zwölfjähriger bei einer Schweineschlachtung auf dem Meyer-Hof in Braunschweig-Watenbüttel zugeschaut), der weiß, wovon ich rede. Und ich will gar nicht erst von industriell geführten Schlachthöfen anfangen. Hinzu kommt, wenn man schon über das Große Ganze diskutieren und ethische

Aspekte beiseite lassen will, die enorme Umweltverschmutzung durch Massentierhaltung. Kurzum: Die Welt wäre ein besserer Ort, würden wir alle weniger Fleisch und Fisch essen. Schweine sind übrigens genauso intelligent wie Hunde und Katzen, und die verhätscheln wir, statt sie barbarisch zu töten.

Zuerst wollte ich mich sogar vegan ernähren, also nicht nur auf Fisch und Fleisch verzichten, sondern auch auf Eier und Milchprodukte. Das erschien mir sinnvoll, denn Huhn und Ei (Legebatterie) gehören ja irgendwie zusammen. Doch in den Internet-Foren der Veganer, die ich zur Vorbereitung meines Experiments besuchte, wurde mir die Welt dann doch zu verrückt. So wurde auf einer Seite diskutiert, ob man als Veganer Wein trinken könne. Zunächst bestätigten die meisten, dass man es dürfe, was ich als sehr gute Nachricht für mein Vorhaben interpretierte. Doch dann meldeten sich Skeptiker, die zu bedenken gaben, dass der Kleber, mit dem die Etiketten auf der Flasche befestigt werden, aus einem Stoff bestehe, für den auch Läuse sterben müssen. Da schien mir die Ehrfurcht vorm Leben dann doch arg auf die Spitze getrieben.

Also fasste ich den Plan, zunächst zwei Wochen lang auf Fleisch und Fisch zu verzichten, und wenn das funktionieren würde, wollte ich die nächste Stufe testen und es zwei Wochen lang vegan versuchen. Am ersten Tag kochte ich mir als Hauptgericht Nudeln mit Pesto, am zweiten Tag gab es frische Tomatensauce zu der Pasta, dazu eine Schale Cashewnüsse und ein Proteinshake, um meine mühsam im Fitnessstudio herangezüchteten Muskelklümpchen zu erhalten. Alles kein Problem, mir fehlte nichts. Auch den Wein gönnte ich mir – noch. Zudem hatte ich ein Interview mit Pietro Leemann vereinbart, dem einzigen Koch der Welt, der einen Michelin-Stern für ein rein vegetarisches Restaurant erhalten hatte, das »Joia« in Mailand. Er sollte mir ein paar Tipps geben, wie man auf schmackhaftem Wege Fisch und Fleisch entsagen könne. Ich war putzmunter und hochmotiviert, mein Vorhaben durchzuziehen.

Doch dann passierte Folgendes. Ich wurde krank. Und das, obwohl ich so gut wie nie krank werde. Ich habe in meinem Berufsleben exakt anderthalb Tage krankheitsbedingt gefehlt, und der halbe Tag war nach einem Oktoberfestbesuch mit dem Redaktionsteam der Zeitschrift *Playboy*, und ich war, um es mal vorsichtig zu formulieren, nicht der Einzige, der an diesem Tag später kam. (Ich erinnere mich noch an meinen fantastischen Chefredakteur, dem ich irgendwann einmal gestand, dass mir nach einer Flasche Wein der Kopf mächtig kreiselte. Daraufhin nahm er mich, den Jungredakteur, in den Arm und sagte: »Kleiner, du musst noch viel lernen.«) Ich habe den Magen einer Hyäne, und ich weiß nicht, wann ich das letzte Mal Fieber hatte. (Mit 15, sagt meine Mutter.) Ich bin auch nie erkältet, im Gegensatz zu den Eltern anderer Kinder, die dauernd mit Triefnase herumlaufen und es auf die Virenzirkulation in Kindergärten und Grundschulen schieben. Allergien kenne ich nicht.

Drei Tage nach Beginn meines vegetarischen Abenteuers wurde ich also krank. Sehr krank. Ich hatte eine Magenverstimmung, die Einzelheiten möchte ich Ihnen lieber ersparen. Nur so viel: Am vierten Tag hing mir mein Magen aus dem Mund wie eine umgestülpte Socke[9]. Und obwohl ich mir si-

---

9 Ich liebe diese bildhafte Umschreibung, auch wenn sie nicht von mir ist, sondern vom fantastischen Reiseschriftsteller Redmond O'Hanlon, der sich ein ähnliches Leiden bei einer Dschungelexpedition zuzog.

cher war, dass es *nicht* an der vegetarischen Ernährung lag, schloss ich zwei Tage lang innigste Freundschaft mit der Toilettenschüssel. Danach behielt ich immerhin eine halbe Schüssel Reis mit Zitrone bei mir, blieb also notgedrungen der vegetarischen Linie treu. Aber am fünften Tag kochte mir meine Frau eine Hühnersuppe, die ich gern zu mir nahm. Der Plan, Vegetarier auf Zeit zu werden, hatte für mich in diesen Stunden keine Priorität.

Am sechsten Tag war ich wieder einigermaßen hergestellt. Ich brach das vegetarische Experiment vorsichtshalber vorzeitig ab – ein zweiter von 23 Versuchen, ein besserer Mensch zu werden, muss damit als total gescheitert betrachtet werden.

Vielleicht werde ich dem Dasein ohne Fisch und Fleisch eines Tages noch eine Chance geben. Aber bis zur Fertigstellung dieses Buches wird es bestimmt nicht dazu kommen.

Fazit: *Nein, das vegetarische Essen hat mich ganz sicher nicht krank gemacht. Aber für mich wird es fortan untrennbar mit flüssigem Husten verknüpft bleiben. Ich trinke ja auch keinen Bananensaft mehr, seit eine Mutprobe mit Bananensaft und Wodka als 17-Jähriger genauso endete wie mein vegetarisches Experiment.*

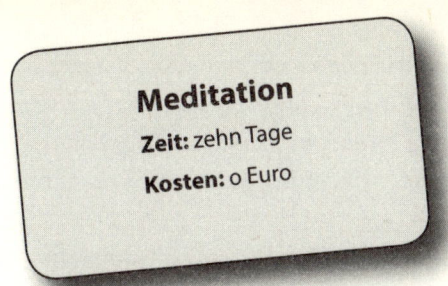

Meditation
Zeit: zehn Tage
Kosten: o Euro

Langeweile als Glücksprinzip

Es gibt nichts Einfacheres. Man braucht keine Anleitung, keinen Guru, keine Handbücher, sondern nur drei Minuten Zeit am Tag. Und so geht Meditation für Einsteiger: Aufwachen, aufrecht hinsetzen, die Augen schließen und sich auf die eigene Atmung konzentrieren. Atmen Sie ruhig und langsam und tief ein und aus. Einen Tipp, den ich mir am ersten Tag erarbeiten musste: Warten Sie, bis Sie wirklich wach sind, sonst schlafen Sie praktisch sofort wieder ein oder kommen nie so recht in den Tag. Wer's genau wissen will: Diese Konzentration aufs Atmen nennt sich Samatha-Meditation.

In Fernost gehören Meditationsübungen zum täglichen Ritual wie für uns das Zähneputzen. Das ist kein Klischee, wie mir meine beiden japanischen Freunde Kenji und Sachie bestätigten. Im Hier und Jetzt sein gilt als anzustrebendes Ziel, die Freiheit von allen Gedanken. Auch im Christentum war Meditation einst üblich, heute kommen unsere stillen Gebete der ursprünglichen *Contemplatio* recht nah.

Ob wirklich die Beatles die fernöstliche Form der Meditation 1968 nach ihren PR-Besuchen beim Guru Maharishi Mahesh Yogi in Indien in den Westen brachten? Sir Paul

McCartney meditiert jedenfalls heute noch, Madonna angeblich ebenfalls – wobei Madonna eh als experimentierfreudig gilt. Regisseur David Lynch fordert gar, Meditation als Schulfach einzuführen, um der zunehmenden Gewalt auf den Pausenhöfen zu begegnen.

Der Psychotherapeut Karlfried Graf Dürckheim, einer der deutschen Zen-Pioniere, soll Meditation einmal so definiert haben: »Die Begegnung mit uns selbst, mit unserem Wesen. Und auch die Begegnung mit dem, was ihm im Wege steht.« Der Dichter Hermann Hesse schrieb 1943 in seinem Roman »Glasperlenspiel«: »Meditation ist die immer neue Versöhnung von Seele und Geist.« Meditierende Menschen, so heißt es, nehmen sich selbst nicht so wichtig, sind ruhig, gelassen und mitfühlend. Der dänische Meditationslehrer Lama Ole Nydahl ist überzeugt: »Wir müssen uns nur daran erinnern: Die Quelle für alles Glück ist der Geist selbst.« Was Meditation mit einem macht, erklärt er so: »Man ist weniger angreifbar und reagiert seltener auf vermeintliche Ungerechtigkeiten. Fremde und Feinde lernt man mit anderen Augen zu sehen, der Freundeskreis wird größer und Veränderungen werden gelassener hingenommen. Man wirkt anziehend auf andere, denn jeder genießt die liebevolle Aufmerksamkeit.«

Während Feng Shui, Tao und Astrologie sich jeder wissenschaftlichen Prüfung entziehen, ist der Nutzen der Meditation nachgewiesen. Neurowissenschaftliche Untersuchungen haben gezeigt, dass regelmäßiges Meditieren die Hirnzellen beeinflusst: In der Hirnregion, die vorrangig für die Gefühlsregulierung zuständig ist, entsteht mehr graue Substanz. Bei meditierenden Mönchen maßen Forscher zudem einen Zustand während der Versenkung, der geistige Höchstleistungen anzeigt. Die armen Zen-Mönche wurden in die Röhre des Computertomographen geschoben und von neugierigen Wissenschaftlern beim Meditieren genauestens beobachtet, um herauszufinden, was im Körper währenddessen geschieht. Dass es den Mönchen bei dem ohrenbetäubenden Lärm der Maschine überhaupt gelang, den Zustand totaler Versenkung auch nur annähernd zu erreichen, ist erstaunlich genug. Was Mönche schaffen, ist mit ein bisschen Übung aber auch für andere Menschen erreichbar. Meditation könnte bei Depression sowie bei Sucht- und Stresserkrankungen helfen. Der Blutdruck sinkt, der Herzschlag beruhigt sich, die Atmung verlangsamt sich. Fairerweise muss man aber auch erwähnen, dass echte Belege für eine therapeutische Wirkung bislang nicht existieren, Anzeichen für positive Effekte gibt es allerdings sehr wohl. Matthieu Ricard, einst Molekularbiologe am Institut Pasteur in Paris, war von seinen Forschungsergebnissen dagegen so überzeugt, dass er mittlerweile als buddhistischer Mönch im Himalaya lebt. »Meditation macht uns bescheidener und dankbarer für alles, was das Leben uns gibt«, hat er festgestellt. »Wir werden ruhiger, friedfertiger und – was vielleicht am wichtigsten ist –, wir entwickeln auf Dauer eine positivere Stimmung.«

Warum nicht mit Hilfe von Meditation ein besserer Mensch werden? Also versuchte ich es, aber für den Anfang bescheiden: Jeden Morgen nach dem Aufstehen drei Minuten. Nach zweieinhalb Tagen war noch keinerlei Wirkung feststellbar. Weder schmeckte meinen Töchtern der Kakao besser (Sie wissen schon – meine intrafamiliäre Kernkompetenz), noch verspürte ich beim Zubereiten desselben übermäßige Befriedigung.

Am dritten Tag war ich erstaunt, wie lang drei Minuten sein können. Es wurde wirklich richtig langweilig. Drei Minuten, wer hätte das gedacht? Man sitzt rum und tut nichts. Und dann ist man froh, wenn man endlich aufstehen darf, und der Tag beginnt. Endlich.

Am vierten und fünften und sechsten und siebten und achten und neunten und zehnten Tag nervte das kleine Ritual mich nur noch. Ich hielt es durch, weil ich hoffte, dass es irgendwann mal zu wirken beginnen würde. Aber es geschah nichts, im Gegenteil, das Ritual stresste mich regelrecht. Meditation, das ist für mich, als würde eine Stimme in meinem Kopf flüstern: *Entspann dich jetzt gefälligst, los*, und je länger die drei Minuten dauern, desto zischender, fordernder, böser wird diese Stimme. Während sie anfangs noch warm und weiblich klang, spricht sie bald mit der unerbittlichen Strenge eines Großonkels im Ton eines Brigadegenerals. Es ist, als würde man an den Schultern gepackt und durchgeschüttelt: *Herrgott, jetzt entspann dich doch endlich!*

Frei von Gedanken soll einen das Meditieren machen. Aber zu versuchen, an nichts zu denken ist genauso vergeblich wie der Versuch, nicht an einen rosa Elefanten mit blauen Punkten zu denken. *Los, denken Sie jetzt an alles, aber nicht an einen rosa Elefanten mit blauen Punkten!* Sehen Sie, wie schwer das ist?

Außerdem: Wenn es wirklich stimmt, dass Meditation uns zu überlegenen Wesen macht, die jede Aufgabe meistern können – warum gewinnen die Meditationsprofis aus Japan und China nicht in jeder Sportart Olympisches Gold? Zum Goldregen der chinesischen Schwimmerinnen 2012 hat sicher vieles beigetragen, am wenigsten aber wohl Meditation.

Nach ein paar Tagen hatte ich die für mich ideale Meditation gefunden, und die geht so: Ich lege mich gegen Mittag aufs Sofa, falte die Hände auf dem Bauch und atme tief und gleichmäßig. Ich konzentriere mich und bin plötzlich ganz entspannt.

Bis meine Tochter mich wachrüttelt und ruft: »Papi, du schnarchst!«

 Fazit: *Die Menschen in Fernost nennen es Meditation. Ich nenne es Mittagsschlaf.*

Bei der Kartenleserin

Zeit: eine Stunde

Kosten: rund 50 Euro

Die Zukunft ist rosarot

Grazia ist eine beeindruckende Person. Sie ist eine Menge Frau und so braungebrannt wie sonst niemand, den ich je in meinem Leben kennengelernt habe (und ich habe immerhin Verwandtschaft aus Argentinien und Paraguay). Gerade haben Grazia und ihr Exmann eine Trattoria eröffnet, just am 22. Geburtstag ihres ein Jahr zuvor bei einem Unfall tödlich verunglückten Sohnes. Dessen größter Wunsch war es gewesen, einmal eine Trattoria zu besitzen[10]. Grazia legt Karten. Kein Tarot, sondern neapolitanische Spielkarten. Sehr geheimnisvoll. Würde sie mir dabei helfen können, ein glücklicherer Mensch zu werden? Schließlich wäre das Leben sicher leichter, wenn wir von den vielen täglich zu treffenden Entscheidungen im Vorhinein wüssten, welche richtig und welche falsch sind. Welche Straßen ins Glück führen und welche ins Verderben.

Inzwischen kennen Sie mich ein wenig. Ich glaube an die Weisheit der Karten ebenso viel wie an Horoskope. Dennoch habe ich einen *soft spot* für kartenlegende Frauen, und das

---

10 »Da Felisiano«, Savelletri di Fasano.

liegt an Solitaire, nicht dem Spiel, sondern der Filmfigur. Gab es je ein hübscheres Bond-Girl als die jungfräuliche Tarot-Kartenlegerin Jane Seymour? Ich traf Grazia in einer Bar in dem apulischen Fischerdorf Savelletri – just jenem Ort, in dem auch die Gesundbeterin Zia Maria lebt. In Savelletri dürften die spirituell ausgeglichensten Menschen Europas wohnen. Von der Bar gingen wir über eine Außentreppe in ihre kleine Wohnung im ersten Stock, wo mich ein winziger Pinscher namens »Maître« minutenlang dermaßen ankläffte, dass mir noch jetzt beim Gedanken an den Empfang die Ohren klingen. Ich machte mir Sorgen: Hatte der doofe Hund meinen inkohärenten Charakter etwa sofort durchschaut?

Bei Grazia funktioniert das Kartenlesen so: Ich überlege mir einen Wunsch, darf ihn aber nicht aussprechen, bevor sie nicht die Karten gedeutet hat. Anschließend darf ich ihr den Wunsch mitteilen, woraufhin sie ihre Deutung näher erläutern kann. Das Beruhigende an den neapolitanischen Spielkarten ist, dass sie eben keine Tarot-Karten mit konkreten Aussagen sind. Ich erinnere mich an den Religionsunterricht in der zehnten Klasse, zu dem die Lehrerin, eine völlig wilde Esoterikerin, die angeblich einen Sandhügel zum Meditieren im Wohnzimmer aufgeschüttet hatte, einen Stapel Tarot-Karten mitbrachte und uns die Karten legen wollte. Es war wohl eine der letzten Stunden vor irgendwelchen Ferien, in denen jeder Lehrer vom Lehrplan abweicht, weil nach Verteilung der Zeugnisse sowieso niemand mehr zuhört. Die Religionslehrerin legte also Tarot-Karten, und wie es sich für ehrbare Pädagogen ihrer Generation gehörte, ritt sie neben dem Steckenpferd Gruppenarbeit auf der wahnwitzigen Idee herum, gerade die Schüchternsten der Klasse müssten per Konfrontationstherapie immer und immer wieder in den Mittelpunkt der allgemeinen Aufmerksamkeit gezerrt werden. Also rief sie die Schüchternste nach vorn, für die die Religionsstunde schon längst zur Nahtoderfahrung geworden war. Zitternd stand Conny auf; mit ihren tiefdunklen, traurigen Augen war sie ein hübsches Mädchen, wenn ich es recht bedenke, aber leider so schüchtern, dass wir ihre Stimme kaum kannten. Solide Einsen in jeder Arbeit, mündliche Beteiligung gleich Null, bis zum Abitur.

Die Religionslehrerin mischte also die Karten und erklärte Conny, die völlig verstört vor dem Lehrertisch stand, die erste Karte, die sie jetzt herausziehen würde, symbolisiere die bestimmende Aussage über ihr Leben. Der Rest der Klasse näherte sich dem Lehrertisch neugierig. Und schwupps, was war die erste Karte, die sie umdrehte? *Der Tod*, dargestellt durch ein tanzendes, böse grinsendes Skelett. Während wir zuvor noch blöde Sprüche gemacht hatten, raunten wir jetzt alle und starrten die arme Conny an, die der Ohnmacht nah war.

»Nein, nein«, versuchte die Religionslehrerin zu beschwichtigen, »diese Karte steht nicht für den physischen Tod, sondern für einschneidende Veränderungen in Connys Leben. Etwas Bedeutendes wird passieren, keine Sorge...« So redete sie eine Zeit lang weiter, doch ich glaube nicht, dass sie den angerichteten Schaden damit ernsthaft begrenzen konnte. Conny war kreidebleich im Gesicht, und als wir anderen uns wieder gefangen hatten, spekulierten wir offen darüber, ob sie nach den großen Ferien wohl wieder in der ersten Reihe sitzen würde und auf welche Weise sie in den Ferien am wahrscheinlichsten zu Tode kommen würde. Ertrinken im Schwimmbad oder ein tödlicher Fahrradunfall auf dem Weg dorthin, mutmaßten wir.

Ich weiß nicht, ob die Arme sich je von dem fiesen Tarot-Karten-Schock erholt hat. Sie hat ihn überlebt, so viel ist sicher.

Zurück zu Grazia, der Kartenlegerin aus Apulien. Unangenehme Prophezeiungen blieben mir dank der eher vagen symbolischen Aussagekraft der neapolitanischen Spielkarten erspart. »Darf ich mir für den Anfang auch etwas ganz Banales wünschen?«, fragte ich so respektvoll wie möglich.

»Alles, was du willst.«

Mein **erster Wunsch** lautete also: *Ich will ein besserer Golfspieler werden.* Dass ich gern golfe, ist bekannt. »Gern« ist in diesem Zusammenhang im Sinne von »Ich atme gern« zu verstehen. Ich musste den speckigen, völlig zerknitterten und vermutlich Jahrzehnte alten Stapel fünf Mal durchmischen, dann abheben. Sie legte abwechselnd von den Stapeln drei mal drei Karten auf den Tisch, und eine zehnte Karte legte sie an den Rand. Dann ließ sie mit geschlossenen Augen ihre Hände darüber kreisen, wohl um sich ein Bild von der Gesamtsituation zu machen.

»Die Antwort auf deinen Wunsch ist: Ja, er geht in Erfüllung«, sagte Grazia schließlich und zeigte mir die »Ja«-Karte, einen mittelalterlich gekleideten Mann, der eine gewaltige Feder emporhält. »Aber«, sie zeigte mir eine Karte, auf der drei Goldmünzen abgebildet waren, »du wirst sehr viel Geld investieren müssen. Und wohl auch viel Geld verlieren.« Ja, das war mir nicht unbekannt, dass ich in Golfgeschäften zu sinnlosen Impuls-Käufen neigte, besonders dann, wenn mir die Produktwerbung »20 Meter mehr Länge vom Abschlag«

oder »Nie mehr Drei-Putts« suggerierte. Also eigentlich immer. Ich erklärte ihr, was ich mir gewünscht hatte, und sie wiederholte, diesmal präziser: »Ja, du wirst ein besserer Spieler. Aber du musst viel dafür bezahlen. Muss man das im Golf?«

Sie hatte mich gefragt, ich setzte sofort an, einen ausführlichen Stegreif-Vortrag zum Thema zu halten. Grazia vermittelte mir den Eindruck, interessiert zuzuhören. Jedenfalls die ersten zwanzig Minuten. Irgendwann intervenierte sie.

»Wollen wir zum nächsten Wunsch?«

Wahnsinn. Ich hatte ernsthaft versucht, einer Kartenlegerin die Grundzüge der Golf-Philosophie zu vermitteln. Ich war wirklich irre.

Mein **zweiter Wunsch** lautete: *Ich will mehr Zeit mit meiner Familie verbringen.* Ich mischte die Karten.

»Der Wunsch wird sich sehr bald erfüllen«, erklärte Grazia wieder. »Ich sehe hier eine Frau. Deine Frau. Sie ist eine *brava persona.*« Ja, das kann man laut sagen, und das schreibe ich, weil sie mit mir einiges mitmacht. Vor allem, weil ich quasi nie da bin. Und wenn ich doch einmal zu Hause bin, versuche ich verrückte Dinge wie vegetarische Ernährung oder flüchte gleich wieder auf einsame Inseln.

»Ich sehe überhaupt viele Personen. Personen, die dir nahe stehen. Hast du dir etwas Familiäres gewünscht?«, erkundigte sich Grazia.

»Ja, das habe ich.«

»Ich sehe eine Schwiegermutter, die sich viel in euer Leben einmischt.«

Treffer. Ich hatte 2008 in »Meine Schwiegermutter ist cooler als deine« ausführlich davon berichtet. Aber in Italien darf man das getrost als gottgegeben hinnehmen. Meine Schwiegermutter kauft mir ungefragt auch meine gesamte Garderobe ein und sorgt so dafür, dass ich Kleidungsstücke schon trage, bevor sie in Mode kommen. Also mache ich mich immer noch gerade so als Erster lächerlich, zum Beispiel mit den Sommerschals. Ich war vermutlich auch der erste heterosexuelle Deutsche, der violette Pullover getragen hat.

»Du wirst bald eine lange Reise unternehmen. Mit deinen Töchtern. Ist das richtig?«

Wow, das war ein Volltreffer. Nur eine Woche nach meinem Besuch bei Grazia wollte ich meine beiden Töchter mit auf große Deutschland-Reise nehmen. Ich hatte das meiner Frau versprochen, damit sie auch einmal zum Durchatmen kommen würde. Außerdem würden die Kinder endlich besser Deutsch lernen, denn von Zweisprachigkeit konnte bei uns keine Rede sein, dazu war ich viel zu selten präsent und ihr Umfeld viel zu italienisch geprägt. Ich erzählte Grazia von der Reise. Sie war zufrieden.

»Tu mir einen Gefallen«, sagte sie und fasste mich am Arm. »Kümmere dich gut um deine Töchter.« Alles klar, versprochen.

Dritter Wunsch: *Ich will meiner Mutter und meiner Schwester näher sein.* Sicher ein erhabener Wunsch. Und ein Problem, wenn die eine 1200 Kilometer entfernt wohnt und die andere 900 Kilometer. Ich mischte fünf Mal und bildete zwei Stapel, Grazia legte das bekannte Muster.

»Hattest du kürzlich mit einem Richter oder Notar zu tun?«

»Äh, nein«, antwortete ich.

»Merkwürdig«, sagte sie. »Ich sehe einen Notar, der eine wichtige Rolle spielt.«

Und da fiel es mir ein. Tatsächlich hatte ich gerade zwei Monate zuvor mit einem Notar zu tun gehabt, zum ersten Mal in meinem Leben. Wir hatten nach dem Tod meines Vaters unser Haus verkauft. Ja, da war ich meiner Mutter und meiner Schwester sehr nah gewesen. Da sie mir nicht sagte, dass sich mein Wunsch erfüllen wird, ging ich davon aus, dass die Karten bei diesem Mal entsprechend mies lagen.

Jetzt kam der **vierte** und entscheidende **Wunsch**: *Ich will ein besserer Mensch werden.* Ich mischte, Grazia legte die drei mal drei Karten und eine Karte daneben, schloss die Augen und ließ die Hände kreisen.

»Die Antwort auf deinen Wunsch ist folgende: Du wirst eine stellare Karriere hinlegen«, verkündete sie und hielt feierlich die entsprechenden Karten hoch, auf denen für mich nur merkwürdige Symbole zu erkennen waren. Die eine allerdings, die mit den drei Goldstücken, war offenbar diesmal zu meinen Gunsten gefallen. Ob sich »Karriere« auf dieses Buch bezog? Ich erzählte ihr von meinem Wunsch, und sie fasste mich noch einmal am Arm. »*Una carriera stellare*«, lächelte sie, und das nahm ich gern als Schlusswort aus der Sitzung mit. Beim Rausgehen kläffte Maître, der Mini-Pinscher, zum Abschied wieder, als hätte ich seinen Napf geleert.

Ja, ich weiß, das mit der Karriere sagt sie wahrscheinlich jedem. Mit meinem Wunsch hat das sicher wenig zu tun. Aber es klang dennoch gut.

Fazit: *Ein amüsanter Zwischenstopp im Reich der Esoterik. Die Deutung der Karten war leider zu vage, als dass ich sie hätte verwerten können. Zumal ein Gespräch nach Ja-Nein-Schema für komplexe Lösungen keinen Raum bietet. Aber ich meine, einmal im Leben sollte sich jeder die Karten legen lassen.*

Feng Shui

Zeit: ein Nachmittag fürs Umräumen

Kosten: 9,90 Euro (Fachbuch »Feng Shui heute«)

Das Chi und der Traum vom perfekten Arbeitszimmer

Also, mein Leben liegt in Trümmern. Jedenfalls, wenn man Feng Shui Glauben schenkt. Es kann keine Wohnung geben, die weniger nach Feng Shui eingerichtet ist als meine. Schon der Eingang ist eine Katastrophe, denn direkt gegenüber der Tür hängt ein Spiegel – und man weiß ja schon vom bloßen Durchblättern einer beliebigen Frauenzeitschrift, dass das die Todsünde schlechthin ist. Kurzum: Ich konnte keinen Feng-Shui-Berater ins Haus lassen, ohne um seine physische Gesundheit zu fürchten. Ja, ich malte mir sogar aus, wie er, wenn er den Spiegel im Eingang entdeckt, wie ein Vampir zu Staub zerfällt. Das wollte ich nicht riskieren. Also näherte ich mich dem Thema in kleinen Schritten an und recherchierte erst einmal.

Erstens spricht es wohl fast jeder falsch aus, es heißt nämlich nicht »Fäng Schui«, sondern »Fang Schoi«, auch wenn der Korrekturzug diesbezüglich schon längst abgefahren sein dürfte. Zweitens hatte diese praktisch gelebte Philosophie historisch zunächst gar nichts mit Inneneinrichtung zu tun, sondern mit der Pflege von Grabstätten, später dann mit der

Gestaltung von Gärten. Was das heute im Westen verbreitete Feng Shui noch mit der reinen Lehre zu tun hat, ist schwer festzustellen. Traditionell wird auf Yin und Yang Bezug genommen, dazu spielen die chinesischen Himmelsrichtungen nach dem Acht-Trigramm-Modell eine wichtige Rolle, auch die Lehre von den fünf Elementen fließt ins Feng Shui ein. Wie, fünf Elemente? Ja, die antiken Griechen kannten nur vier, nämlich Feuer, Wasser, Luft und Erde. In Fernost kam auch noch die Leere hinzu. Im praktischen Feng Shui, das sich mit der häuslichen Einrichtung beschäftigt, werden die Elemente zu Erde, Metall, Wasser, Holz und Feuer. Diese Umdeutung stellt offenbar kein Problem dar, und auch ich will jetzt mal nicht kleinlich sein und darauf herumreiten.

Ganz simpel gesagt, geht es beim Feng Shui um die Optimierung des Chi oder Qi, jener Lebensenergie, die in uns, um uns und durch uns hindurch strömt und für alles verantwortlich ist. Das westliche Feng Shui oder auch Neo-Feng Shui oder New-Age-Feng Shui ist recht neu; erst 1986 gründete der inzwischen verstorbene Lin Yun in Kalifornien (wo sonst) einen buddhistischen Tempel, in dem auch heute noch Feng-Shui-Lehrgänge angeboten werden. Die deutsche Feng-Shui-Gesellschaft hat ihren Sitz übrigens in Freiburg (wo sonst).

Gute Wohnung, glücklicher Mensch – so weit sind wir uns alle einig. Laut Feng Shui lässt sich der Wohnraum optimieren, so dass das Chi frei fließen kann. Dabei helfen Kristalle und Edelsteine, Düfte, entsprechend platzierte Zimmerbrunnen und Lampen, Teppiche sowie Tapeten und Stoffe bestimmter Farbe. Zum Thema Farbe im Feng Shui ließe sich problemlos ein eigenes Buch schreiben (oder gibt es das schon?).

Theoretisch kann man seine Wohnung achtfach optimieren, gemäß der acht Himmelsrichtungen, die natürlich viel mehr sind als bloße Himmelsrichtungen, aber für uns soll diese Bezeichnung genügen. Die Himmelsrichtungen stehen für Ruhm & Anerkennung, Partnerschaft, Kreativität & Kinder, Hilfreiche Freunde, Karriere, Wissen, Familie & Gesundheit und Reichtum & Fülle. Mit kleinen Tricks, Einrichtungsgegenständen und den passenden Farben kann man jedes Zimmer Feng-Shui-mäßig aufmotzen.

Ich nahm mir also meine Wohnung vor: Grundsätzlich sind alle westlichen Wohnungen aus Feng-Shui-Sicht eine Katastrophe und eigentlich unrettbar vermurkst. Nur wird Ihnen das kaum ein Feng-Shui-Berater so direkt sagen. Denn in fast allen Wohnungen gibt es hierzulande Toiletten. Und eine Toilette ist aus ganz vielen Gründen ein Chi-Desaster. Erst einmal ist sie ein senkrechtes Loch, durch das Chi abfließt. Außerdem liegen Toiletten oft nah am Wohnungseingang, ebenfalls ganz schlecht fürs Chi. Und überhaupt, Toiletten sind nun mal bäh. So wie es für die Asiaten ein unerträglicher Anblick ist, wenn Westler ein gebrauchtes Stofftaschentuch mit sich herumtragen – und recht haben sie –, ist die Beschmutzung der eigenen Wohnung ebenfalls ein Unding. Der Fernost-Adlige ließ sich früher von seinen Bediensteten in einer Sänfte in den Wald tragen, um seine Notdurft zu verrichten. Diese Möglichkeit fällt aus Mangel an Bediensteten, Sänfte und nahe gelegenem Wald für mich und wohl auch für die meisten anderen Menschen flach.

Fest steht, ist eine Toilette in der Wohnung, unterminiert das jeden ernsthaften Feng-Shui-Versuch und führt das ganze System im europäischen Raum im Grunde ad absurdum.

Groß zu stören scheint das niemanden. Neo-Feng Shui heißt übersetzt wohl so viel wie: Leichtgläubige-Westler-Feng Shui.

Natürlich, ein wenig Chi-Getrickse geht auch in der westlichsten Wohnung, und ich beschloss, mich mit meinem geballten Wissen und der Hilfe der Feng-Shui-Berater Thomas Fröhling und Katrin Martin, die ein sehr ausführliches Buch über das Thema geschrieben haben[11], zunächst auf mein Münchner Arbeitszimmer zu konzentrieren. Denn mit meinem Arbeitszimmer war es eine merkwürdige Sache. Mein ganzes Leben hatte ich davon geträumt, so ein Zimmer zu haben, nur für mich. Ich sah mich an einem schönen, teuren Schreibtisch sitzen, eine Tasse Tee neben mir, und Werke von Rang verfassen. Ich sah das Bild von mir am Schreibtisch in bedeutenden literarischen Magazinen, und nur um des Fotos willen überlege ich seit geraumer Zeit, ob ich nicht anfangen sollte, Pfeife zu rauchen. Ich hatte mir einen schönen antiken Schreibtisch gekauft und ihn ans Fenster gestellt, mit Blick auf einen kleinen Park. Ein passender Stuhl und eine ebenfalls antike Lampe sowie ein moderner Bücherschrank mit Glasboden-Regalen als Kontrapunkt rundeten diesen Traum von einem Arbeitszimmer ab.

Und dann passierte Folgendes: Ich betrat das Zimmer nicht mehr. Zum Arbeiten setzte ich mich lieber ins Wohnzimmer auf die Couch, den Laptop auf dem Schoß. Oder an den Esstisch. Ich fühlte mich überhaupt nicht wohl in meinem Arbeitszimmer, das Glasregal verkam zu einer Sammelstelle für die Buchhaltung, mit Quittungen, Rechnungen und Verträgen.

11 »Feng Shui heute – das Kernwissen für Einsteiger und Fortgeschrittene«, Goldmann Verlag.

Ich sagte sogar meiner Putzfrau, sie müsse in dem Arbeitszimmer nicht mehr saubermachen, es lohne sich ja gar nicht. Ja, tatsächlich, ich betrat das Zimmer überhaupt nicht mehr. Ich ging nur noch ins Zimmer, um mit Hilfe des großen Lochers auf dem Schreibtisch meine Korrespondenz abzuheften.

Für den Feng-Shui-Experten war das überhaupt kein Wunder, denn ich hatte zwar am Schreibtisch einen Blick zum Fenster, aber eben auch die Tür im Rücken. Nie hätte ich in Ruhe arbeiten können. Komisch, dass sich diese Erkenntnis erst mit Feng Shui einstellte, denn auch in Restaurants frage ich grundsätzlich nach einem Tisch in der Ecke. Ja, Untersuchungen beweisen sogar, dass Mitarbeiter in Unternehmen schlechter arbeiten, wenn sie mit dem Rücken zu einer Tür oder zu ihren Kollegen sitzen, weil sie unbewusst einen großen Teil ihrer Energie darauf verwenden, das Geschehen hinter ihnen mitzuerfassen. Und so logisch dieses Konzept auch sein mag, ich brauchte doch Feng Shui, um es in mein Bewusstsein zu heben.

Was also tat ich? Ich rückte die Möbel um. Klingt simpel, war aber aufgrund des gewichtigen Schreibtischs, der vollgestopften, sich schon durchbiegenden Glasregale und nicht zuletzt wegen meines Stolzes (niemand über 35 sollte seine Freunde bei Umzugsarbeiten um Hilfe bitten) eine mehrstündige Aufgabe.

Die neue Position des Mobiliars fühlte sich überraschend gut an. Freie Sicht auf den Park hatte ich vom Schreibtisch aus noch immer, dabei aber eben auch Zimmer- und Wohnungstür im Blick. Möglich, dass allein der Reiz des Neuen ausschlaggebend für mein Hochgefühl war.

Doch das war nur der erste Schritt. Ich entschied mich,

das Zimmer jetzt auch karrieremäßig aufzutunen. Dazu gab es laut Feng Shui noch Folgendes zu tun: Die Ecken mussten abgeschwächt werden, und zwar mit Blumentöpfen oder Ähnlichem. Ich habe ein Problem mit Pflanzen im Haus (ich übersehe sie, sie gehen ein), also stellte ich mein Golfbag in eine Ecke – das kommt optisch einem großen Blumenstrauß sehr nahe. Außerdem soll man, wenn man an Karriere denkt, hoch aufragende Gegenstände oder Bilder mit Bergen im Arbeitszimmer aufhängen. Die vielen Driver im Bag ragten tatsächlich prächtig empor. Sollten Feng Shui und ich doch noch Freunde werden? In die Mitte des Arbeitszimmers gehört ein runder Teppich, um den das Chi ordentlich herumwirbeln kann – ich hatte noch was Flauschig-Rundes aus dem Badezimmer übrig, das konnte diesem Zweck zumindest übergangsweise dienen und die Chi-Aktivität erhöhen.

Dann entdeckte ich, dass man Bücher immer zu Ende lesen soll – jeder von uns hat nämlich, wie ich auf Seite 322 erfuhr, eine spezielle Glücksrichtung, zu der der Schreibtisch möglichst ausgerichtet werden soll. Die Glücksrichtung ergibt sich aus unserer Kua-Zahl, die man erhält, wenn man eine Quersumme aus den letzten beiden Ziffern des Geburtsjahrs bildet (bei mir 1971, also 7+1=8) und von der Zahl 10 abzieht. Sollte Ihre Zahl größer als 10 sein (etwa 1967, 6+7=13), dann müssen Sie erneut eine Quersumme bilden (1+3=4). Meine Kua-Zahl war also die 2, mein Element damit die Erde – das passte wegen Flugangst – und meine bevorzugte Himmelsrichtung Südwest. Also musste ich erneut umräumen, weil mein Schreibtisch zu diesem Zeitpunkt noch genau gen Norden zeigte. Beim Fluchen verlor ich ganz sicher einige Karma-Punkte, falls Karma auch bei Feng Shui eine Rolle spielt, aber als es geschafft war, sah mein Arbeitszimmer wirklich recht ansehnlich aus. Ich schleppte noch ein paar violette und rote Gegenstände heran, denn diese Farben stehen für Ruhm und Anerkennung, unter anderem ein flauschiges rotes Kissen sowie die rot gebundene Tim-und-Struppi-Comicsammlung. Die Feng-Shui-Experten empfehlen fürs Arbeitszimmer noch einen Zimmerbrunnen, weil das stete Sprudeln Reichtum symbolisiere – ja, manchmal ist diese Einrichtungsphilosophie richtig platt. Aber einen Zimmerbrunnen wollte ich mir nicht antun; ich argumentierte, ganz Feng-Shui-Jünger, damit, dass ich ja ein Erdmensch und kein Wasserwesen sei.

Im Übrigen: Einmal in die Materie eingestiegen, beherrscht das Thema plötzlich zwanghaft Denken und Tun. Mir ist es jedenfalls so ergangen. Auf einmal sah ich überall gefährliche Ecken. Ich ertappte mich beispielsweise dabei, auch den Esstisch etwas günstiger zurechtzurücken, um nicht beim Fernsehen von seinen Pfeilen durchbohrt zu werden.

Ob durch Feng Shui oder asiatische Aufgeräumtheit angeregt, die Beschäftigung mit der eigenen Einrichtung hat was. Ich weiß nicht genau, was ich von dem esoterisch aufgeladenen Feng Shui halten soll (auch meine beiden Experten Thomas Fröhling und Katrin Martin können es in ihrem Buch ja nicht lassen, auch noch über Elektrosmog zu schreiben, was, solange niemand mir einen schlüssigen Beweis dafür liefert, mir in etwa so seriös erscheint wie Entführungen durch Außerirdische), aber ein bewusstes Herrichten des Wohnraums, mit oder ohne Feng Shui, ist unbedingt eine sinnvolle Beschäftigung. Mir hat es immerhin geholfen, mein Arbeitszimmer künftig ohne schlechtes Gewissen von der Steuer absetzen zu können.

Den ästhetischen Aspekt asiatischen Designs sollte man bei all dem nicht unterschätzen. Ich esse ja auch gern Sushi, weil das Essen so appetitlich präsentiert wird. Was mich eher erstaunt, ist, dass im Neo-Feng Shui die Wohnung oft richtig vollgestellt wird. Hier eine Pflanze, da ein Brunnen, dort eine Stehlampe. Da gefällt mir persönlich die reduzierte Herangehensweise der traditionellen Schule besser.

Hier noch ein Feng-Shui-Tipp von den Experten Fröhling und Martin für die Karriere, der seine Wirkung am besten unkommentiert entfaltet: *Duschen oder baden Sie ausgiebig und waschen alle Sorgen von sich ab. Dann suchen Sie in Ihrem Fotoalbum ein Bild heraus, das Sie ganz am Beginn Ihrer Karriere zeigt. Lassen Sie sich dieses Foto blau einrahmen und hängen es in den Bereich der »Karriere«. Denken Sie dabei an Ihre Ziele, und sagen Sie laut vor sich hin: »Ich erreiche alles, was ich will!« Stellen Sie auf Ihrem Schreibtisch neben dem Bild Ihrer Frau (oder Ihres Mannes) das Foto eines erfolgreichen Vorbildes auf. Legen Sie in die Mitte Ihres Schreibtisches einen Lapislazuli oder einen Sodalith. Trinken Sie abends einen Schluck Wasser aus einem blauen Glas. Sie sollten es etwa bis zur Hälfte leeren. Nehmen Sie danach Ihre Karrierewünsche mit in den Schlaf – und trinken Sie das Glas am nächsten Morgen, direkt nach dem Erwachen, ganz aus. Beleben Sie den Karrieresektor mit einer Pinnwand, hier sollten Sie auf Zetteln Ihre kleineren oder größeren Erfolge im Beruf niederschreiben.*

Okay, wer's mag. Oder glaubt.

Der Spiegel gegenüber der Eingangstür – der hängt übrigens noch. Das war ich meinem Verstand ganz einfach schuldig.

Fazit: *Ich habe große Teile dieses Buches in meinem neu gestalteten Arbeitszimmer geschrieben. Der Erfolg mag zeigen, was die Lehre von Feng Shui am Ende taugt. Und ein letztes Mal, auch wenn ich wie ein verbohrter Deutschlehrer klinge, der gegen die Rechtschreibreform wettert: Es heißt »Fang Schoi«!*

Tao

Zeit: nach Belieben

Kosten: 19,99 Euro (Tao-Fachbuch)

Einfach? Kompliziert!
Das Nichttun

Eins muss man den Asiaten lassen: Ihre Lebenseinstellungen, Religionen und Rituale sind echte Exportschlager – und das seit Jahrzehnten. Amerikanische Hollywoodstars und europäische Esoteriker bedienen sich gleichermaßen gern und häufig aus dem unerschöpflichen Fundus fernöstlicher Heilslehren. Ob Yoga, Feng Shui oder die »Fünf Tibeter«: Asien ist überall. Viele Deutsche erwecken gar den Eindruck, sie würden gern vom Dalai Lama regiert werden, immerhin bis zu Chinas Einmarsch in Tibet einer der absolutistischsten Herrscher überhaupt, ein unantastbarer Gottkönig, seit frühester Kindheit auf dem Thron – aber er kann sehr lustig kichern. (Natürlich hat auch China die Demokratie nicht erfunden, aber Sie verstehen, worauf ich hinauswill.)

Das Tao oder, wie es in neueren Umschriften heißt, *Daodejing* scheint die konzentrierteste, am einfachsten zugängliche philosophische Lehre zu sein, besteht sie doch, wie ein Poesiealbum, einfach nur aus Sinnsprüchen. Zugeschrieben werden die Sprüche Laotse, neuerdings *Lǎozǐ*, einem chinesischen Philosophen aus dem 6. Jahrhundert vor Christus, wenngleich die Tao-Sammlung offenbar erst 200 Jahre nach seinem Tod in Umlauf kam.

Tao also. Oder die süße Kunst des Nichtstuns. Viele meiner Freunde werfen mir vor, ich hätte genau das schon längst zur Perfektion erhoben, da ich vormittags meist auf dem Golfplatz stehe, mittags eine kleine Siesta halte und am Nachmittag entweder im Fitnessstudio oder am Strand herumhänge. Was sie nicht sehen: Ich schreibe oft bis Mitternacht und noch darüber hinaus. Wobei ich mich über meinen Lebensstil nicht beklagen will, es ist schon alles ganz okay so.

Doch halt, Flüchtigkeitsfehler: Im Tao, einer Art harmonischer Urkraft, die schon da war, bevor das Universum entstand, geht es nicht um das *Nichtstun*, sondern um das *Nichttun*. Ein wichtiger Unterschied. Nichtstun bedeutet Faulheit, Nichttun heißt, man möge nichts erzwingen. »Der Weise strebt nicht und erlangt dennoch Vollendung«, heißt es auf Seite 344 der Sprüche-Sammlung[12]. Aber auf Seite 99 heißt es dort: »Vergeude keine Gelegenheiten. Dies nennt man dem Licht folgen.« Das wiederum klingt ziemlich aktiv. Ja, was denn nun? »Stets frei von Wünschen erkennst du klar das Geheimnis. Stets in Wünschen verstrickt, siehst du nur die Erscheinungsformen. Doch das Geheimnis selbst ist das Tor zu allem Verstehen.« So wie: »Wichtiger ist es, die Einfachheit zu sehen, das eigene wahre Wesen zu erkennen, Selbstsucht abzulegen und Wünsche zu zügeln.« Wunschlos glücklich soll man also sein. Und: »Der Weise herrscht also: Er leert Geist und Herz, er schwächt den Ehrgeiz und stärkt die Knochen.«

---

12 Wayne Dyer, »Übe dich im Nichttun, und alles fügt sich zum Guten – Tao Tag für Tag«, Arkana 2012.

Das klingt zumindest, als wäre ich mit meinem Fitnesstraining auf einem guten Weg.

»Der Weise stellt sich hintan, so landet er vorne.« Man erkennt, dass Laotse nie auf einer italienischen Passbehörde anstehen musste. Nach diesem Ratschlag stünde er nämlich noch heute dort. Überhaupt ist Laotse kein sinnenfroher Mensch: »Musik und Essen sind vorübergehende Freuden, doch lassen sie Menschen anhalten. Wie fade und schal sind die Dinge der Welt, mit dem Tao verglichen!« Aber nur wenige Seiten später heißt es: »Genieße gesundes Essen, freue dich an nützlicher Kleidung, sei zufrieden in deinem behaglichen Zuhause, und schütze deine Lebensart.« Das ist, lieber Laotse, mit Verlaub, ein klitzekleiner Widerspruch, oder?

Die Antwort auf meine Frage, ob die taoistische Lehre mich zu einem besseren Menschen machen würde, kann also nur das Tao selbst geben, aber wie kommt man dorthin? Ganz einfach: Indem man es nicht sucht. Erst im Nichttun, wir erinnern uns, wird man eins mit ihm. »Wenn du das Tao suchst, ist nichts zu sehen. Wenn du darauf horchst, ist nichts zu hören. Wenn du es anwendest, ist es unerschöpflich.«

Ich las alle 400 Seiten des Tao durch – das geht schneller, als es klingt, auf jeder Seite steht ja nur ein Satz –, aber ich blieb ratlos zurück. »Sich vollessen und -trinken, Reichtum anhäufen, bis man nichts mehr damit anzufangen weiß, das ist nicht das Tao.« Nein, natürlich nicht, aber das sagt einem ja schon die Oma. Den Versuch, mit Tao ein besserer Mensch zu werden, gab ich bald wieder auf, denn es fehlte die praktische Anleitung, es fehlte die überraschende Erkenntnis. Mir fehlte in der Sammlung ein Spruch, der mich staunen ließ.

Über das Problem, dass das Tao jenseits des Fassbaren

steht, weil es Alles und Nichts zugleich ist, das Sein und das Nicht-Sein, habe ich lange nachgedacht. Und irgendwann war es dann auch gut.

Fazit: *»Um den Weg zu kennen: Verstehe das Große in dir.« Ich habe den Weg nicht gefunden, denn ich habe das Große in mir noch nicht verstanden. Daher sitze ich verwirrt an einer Gabelung.*

Und was bleibt?

Intensive Monate liegen hinter mir – und insgesamt etwas mehr als 100 Tage, ich hoffe, Sie sehen mir diese Ungenauigkeit nach, die dem griffigen Titel geschuldet ist.

Das Fazit: Die wahre Entspannung, das völlige Glücksgefühl wartete weder um die Ecke, noch war es nur ein tiefes Bauchatmen entfernt. Aber das hatte ich auch nicht erwartet. Es lohnt sich in jedem Fall, einmal aus dem Kreis der Gewohnheiten auszutreten und ein paar neue Dinge auszuprobieren. Für mich waren es ganz sicher das Fasten, das Hanteltraining, die Yogaübungen und das verschärfte Kochen. Ich bin sehr gespannt, wie weit ich es im Karate noch bringen werde (Sie wissen schon: Stefan »Vorschlaghammer« Maiwald). Ja, selbst bei meinem Feng-Shui-Experiment habe ich einige Erkenntnisse gewonnen, obwohl ich es anfangs belächelt habe. Ebenso hat mich die Horoskopberatung weitergebracht, wenn auch auf eine nicht vorhersehbare Art – mit meiner Nachbarin Leslie Rowe bin ich mittlerweile gut befreundet. Was hätte uns zusammengebracht, wenn nicht die Sterne oder meine Suche nach einem besseren, glücklicherem Dasein? So habe ich endlich jemanden zum Klingeln, wenn mal das Salz alle ist.

Mag sein, dass Sie ganz andere Erfahrungen machen. Mag auch sein, dass Ihnen etwas hilft, das mir gar nichts gebracht hat. Ein bisschen Arbeit an sich selbst ist jedenfalls nicht ganz schlecht.

Ob ich in den letzten Monaten ein glücklicherer Mensch geworden bin? Bis heute Vormittag hätte ich diese Frage nicht beantworten können, doch just vor ein paar Stunden, als ich gerade diese Seiten schreibe, ist etwas Erstaunliches passiert. Meine Töchter, neun und sechs Jahre alt, waren mit Käschern und Plastikeimer am Strand unterwegs. Jeden Morgen fangen sie ein paar Krebse und geben sie in den mit Meerwasser ge-füllten Eimer. Wenige Minuten später – das hatte ich ihnen eingeschärft – würden sie die Tiere wieder freilassen. Ich war unterdessen ein paar hundert Meter entfernt und dachte über die Bilanz meines Experiments nach. Da kamen die beiden Mädchen aufgeregt angerannt, die Jüngere weinte. Was war passiert? Ein deutscher Tourist hatte ihnen den Eimer mit den Krebsen entrissen und ihn in hohem Bogen ins Meer geworfen, er hatte sie wortreich ausgeschimpft und ihnen einen Vogel gezeigt. Sie kennen diese Typen: Tierschützer mit 240-PS-Autos.

War das zu fassen? Ich sprang aus dem Liegestuhl und ließ mich sofort zum Tatort führen. Der Tourist war natürlich weg, und der Strand von Grado ist ebenso riesig wie dicht bevölkert, jedenfalls an diesem schönen Frühsommerwochenende Ende Juni 2012. Ich wollte mir den Übeltäter schnappen, ich ließ ihn mir genau beschreiben und ging dann grimmig Ausschau haltend den Strand auf und ab. Ich bin mir ziemlich sicher, dass ich ihn in zwei Hälften zerteilt hätte, wären wir uns begegnet.

Solche Vorfälle haben mich früher tage-, ja monatelang beschäftigt. Doch diesmal war es anders. Nach wenigen Minuten musste ich schon lächeln und nahm beide Töchter gleichzeitig hoch in die Arme (da sehen Sie mal, wozu Hanteltraining gut ist). »Doofer Tourist«, sagte ich, und wir mussten alle drei lachen. Ich kaufte den Kleinen ihr Lieblingseis. Ja, ich konnte diese Unverschämtheit verblüffend schnell abhaken und mich über die inzwischen wieder strahlenden Kinderaugen freuen.

Sollte ich diesem Touristen eines Tages doch noch begegnen, trete ich ihm natürlich mit Anlauf in den Allerwertesten.

23 praktische Tipps, damit auch Sie glücklicher werden

Wer sich ein wenig in der Welt der Wissenschaft umsieht und hier und da eine Studie genauer unter die Lupe nimmt, wird nützliche Hinweise finden für den Weg in ein zufriedeneres Leben. Hier ein paar praktische Tipps, wie Sie gute Vorsätze auch erfolgreich in die Tat umsetzen:

1. Je präziser das Ziel, desto besser.

Nach Untersuchungen des Psychologen Peter Gollwitzer von der Universität New York haben Menschen, die ihr Ziel möglichst konkret formulieren (»jeden Mittwochabend um 18 Uhr gehe ich ins Fitnessstudio«), eine dreifach erhöhte Chance, es auch zu erreichen.

2. Vom Einfachen zum Schwierigen

Der Wissenschaftler Roy Baumeister aus Florida gab Versuchspersonen die einfache Aufgabe, zwei Wochen lang mit möglichst guter, aufrechter Haltung durchs Leben zu gehen. Nach den erfolgreich überstandenen zwei Wochen taten sich die Probanden auch mit schwierigeren und komplexeren

Aufgaben leichter als diejenigen, die unmittelbar damit konfrontiert wurden. Also: erst den Schreibtisch aufräumen, dann die Garage entrümpeln.

3. Gehen Sie stufenweise voran

Nicht nur vom Einfachen zum Schwierigen, sondern auch in kleinen Schritten zum großen Ziel: Diese Taktik gilt als erfolgversprechender, als sofort das Ziel anzusteuern, wie die Psychologin Valentina d'Urso von der Universität Padua bestätigt.

4. Halten Sie Ihre Fortschritte fest

Verschiedene Studien zeigen, dass es bei der Motivation hilft, die kleinen täglichen Erfolge zu notieren, etwa bei einer Diät. Mittlerweile gibt es auch Apps, die Ihnen bei der Arbeit helfen.

5. Gönnen Sie sich eine Pause

Unser Wille ist wie ein Muskel: Bei Überanstrengung macht er schlapp, wie Studien der US-Wissenschaftler Roy Baumeister und Kathleen Vohs zeigen. In einem schon legendären Experiment bat Baumeister Versuchspersonen in einen Raum mit frisch gebackenen und herrlich duftenden Schokoladenkeksen. Aber nur die Hälfte durfte davon naschen, die anderen, so begierig sie auch schauten, mussten Radieschen essen. Ausgerechnet Radieschen. Im Anschluss wurde den Probanden noch eine Denkaufgabe präsentiert. Diese Aufgabe war aber nicht lösbar. Es zeigte sich, dass diejenigen Versuchsteilnehmer, die die Plätzchen ignorieren und stattdessen Radieschen essen mussten, im Schnitt nach acht Minuten aufgaben. Die anderen, denen zuvor keine Selbstbeherrschung abverlangt wurde, knobelten durchschnittlich fast 20 Minuten, also mehr als doppelt so lange. Baumeister folgerte, dass Selbstkontrolle – also die bewusste Steuerung unseres Willens – eine echte Kraftanstrengung ist, deren Ressourcen limitiert sind. Selbstkontrolle ist eine harte Arbeit, die andere Fähigkeiten in Mitleidenschaft ziehen kann. Und daraus wiederum folgt: Gönnen Sie sich auch Zeit zum Verschnaufen.

6. Essen Sie!

Eine Untersuchung von Todd Heatherton vom Dartmouth College in New Hampshire belegt, dass der Zuckerspiegel im Blut bei schwierigen Aufgaben eine entscheidende Rolle spielt. 45 Personen sollten einen lustigen Film sehen, ohne dabei zu lachen. Das Ergebnis: Diese Willensanstrengung ließ den Blutzuckerspiegel sinken und folgerichtig Heißhunger auf einen Snack entstehen. (Auch Prüfungen haben einen ähnlichen Effekt.) Wenn Sie also nicht gerade fasten oder eine Diät machen, sondern beispielsweise Ihre Wohnung nach Feng-Shui-Erkenntnissen umräumen, dann kann ein Apfel oder auch ein Schokoriegel dabei helfen, nicht schlapp zu machen.

7. Setzen Sie Prioritäten

Wie bereits von Roy Baumeister nachgewiesen, ist Disziplin tatsächlich anstrengend, sie beansprucht unsere Willenskraft und erfordert ganze Aufmerksamkeit. Fangen Sie also nicht mitten in einer Job- oder Beziehungskrise das Heilfasten an.

8. Belohnen Sie sich

»Wenn ich eine Woche nicht rauche, kaufe ich mir die schönen Schuhe.« Es fällt uns leichter, schwierige Aufgaben anzupacken, wenn sie mit angenehmen Assoziationen verknüpft sind. Bei mir war es nach einem Monat Rauchentzug der Golf-Schnupperkurs, den ich schon seit Jahren machen wollte. Seither habe ich eine neue Droge. Aber die ist viel gesünder und macht keine Tumore.

9. Legen Sie einen genauen Zeitrahmen fest

Vorbild Raymond Chandler: Jeden Tag hatte er ein rigoroses Schreibfenster von exakt vier Stunden. Der Trick: Wenn er nichts schrieb (auch ausgesprochene Vielschreiber sitzen manchmal ratlos vor einem Blatt Papier), durfte er auch nichts anderes machen. »Widmen Sie 90 Minuten Ihres Tages Ihrem wichtigsten Ziel«, rät auch der Sozialpsychologe Baumeister.

10. Machen Sie es wie Vittorio Alfieri

Dagegen ist Chandlers Zeitfenster ein Witz: Der italienische Dramatiker und Vordenker der Aufklärung ließ sich an seinem Stuhl festbinden, um ein Werk endlich fertigzustellen.

11. Ändern Sie Ihre Gewohnheiten

In einem Versuch von Philippa Lally vom University College in London sollten Freiwillige 80 Tage lang nach jedem Mittagessen ein Stück Obst essen. Das Ergebnis: Schon nach wenigen Wochen war dieses Verhalten völlig automatisiert. Wer sich also angewöhnt hat, nach einem Kaffee eine Zigarette zu rauchen, sollte sich konsequent vornehmen, nach dem Kaffee ein Stück Schokolade zu essen.

12. Denken Sie positiv

Ja, es klingt banal, und das ist es auch. Statt »Heute ist wieder anstrengender Yogatag« zu denken, sich einfach mal auf das

Licht am Ende des Tunnels konzentrieren: »In ein paar Monaten werde ich die ganzen Bewegungen so gut können, dass sie mir garantiert beim Entspannen helfen.«

13. Machen Sie sich eine Liste

Eine meiner Lieblingsübungen, um Dinge erledigt zu bekommen: Es hat etwas ausgesprochen Befriedigendes, lästige Aufgaben durchzustreichen oder Vollbrachtes als kleinen Triumph feierlich mit einem Haken zu versehen. Horoskop-Expertin Leslie Rowe würde dazu sagen: »Typisch Jungfrau.«

14. Beziehen Sie Ihre Freunde mit ein

Sie meditieren neuerdings? Sie fasten? Sie laufen drei Mal die Woche? Erzählen Sie es Ihren Freunden und Verwandten. Untersuchungen des Harvard-Dozenten Nicholas Christakis belegen, dass wir Dinge leichter durchstehen, wenn wir es anderen mitgeteilt haben, weil wir unser soziales Umfeld nicht enttäuschen wollen. Auch scheint es unter Menschen laut Christakis eine Art Domino-Effekt zu geben: Wenn einer unserer Freunde mit dem Rauchen aufhört, ist die Chance groß, dass auch andere Freunde es sich vornehmen – und auch schaffen. Persönliche Erfahrung: Gerade das gemeinsame Fasten unter Büro-Kollegen ist genial. Jeden Tag fühlt man sich beim gemeinsamen Glas Wasser als Held unter Helden.

15. Handeln Sie, statt sich in Gedanken zu verlieren

Unsere Gedanken – vor allem die negativen Gedanken – können wir nicht bezwingen, also müssen wir stattdessen handeln. Statt zu versuchen, nicht mehr an unsere in die Brüche gegangene Beziehung zu denken (klappt nicht), müssen wir uns mit Taten ablenken. Also: ab ins Fitnessstudio statt selbstmitleidig in Erinnerungen zu schwelgen. Ich bitte Sie: Der Kerl/die Tusse war doch sowieso doof.

16. Denken Sie ans Große Ganze

Ja, Sie sollen in kleinen Schritten vorgehen. Aber verweilen Sie nicht nur im Heute, sondern denken Sie immer auch daran, wo Sie in einem Jahr stehen. »Nur in der Gegenwart zu bleiben, kann den Willen erheblich schwächen, wohingegen komplexes Langzeitdenken den Willen stärkt«, bemerkt der Motivationsexperte Baumeister. Ich sehe mich also nicht als alberner Hampelmann im weißen Gürtel auf der Dachterrasse (auch wenn ich derzeit vielleicht einer bin), sondern als massiver, entschlossener Schwarzgurt, bei dem die jetzt noch pfeifenden Bauarbeiter von gegenüber irgendwann Trainingsstunden nehmen wollen.

17. Sag niemals nie

Ein dummes, kleines Wort. Und wollen Sie wirklich »nie wieder« Süßigkeiten essen? Besser ist, dass Sie sich einen Tag einrichten, an dem Sie es dürfen. So machen es auch viele Spitzensportler, die sich zwar an strenge Ernährungspläne halten, aber einmal pro Woche einen sogenannten Schummeltag einlegen (über den sie immer mit viel Liebe berichten) und herzhaft in die Pizza oder den Burger beißen.

18. Räumen Sie auf!

Aus noch nicht vollständig geklärten Gründen scheint eine aufgeräumte Umgebung einen strukturierteren Alltag zu ermöglichen. Auch neue Herausforderungen werden in geordneten Verhältnissen besser angenommen. Also werfen Sie endlich, auch wenn Sie noch so sehr an die Selbstheilungskräfte der Natur glauben, die vertrockneten Zimmerpflanzen in die Biotonne.

19. Denken Sie nie »Ach, jetzt ist's auch egal«

In einer diabolischen Studie der Universität Toronto wurden Versuchspersonen riesige kalorienreiche Shakes vorgesetzt. Die Hälfte der Probanden befand sich streng auf Diät. Als sie anschließend feststellten, dass ihr Kalorienmaximum für den Tag schon weit überschritten war, langten sie beim Nachschlag (die Forscher hatten absichtlich ein paar Shakes zu viel auf den Tisch gestellt) beherzter zu als die Menschen mit normalem Ernährungsplan. Zur Rede gestellt, gaben sie hinterher an, dass sie ja ohnehin schon über ihrem Kalorienlimit lagen – eine völlig unsinnige Denkweise, die dem menschlichen Hirn, das zeitweilig eine verblüffende Rechenschwäche an den Tag legt, aber eigen zu sein scheint.

20. Entscheiden Sie sich vorher

Üben Sie sich gerade im Alkoholverzicht? Dann entscheiden Sie sich vorher, dass Sie auf dem Fest heute Abend nur Säfte trinken. Sind Sie auf Diät? Dann sagen Sie sich schon am Nachmittag, dass es für Sie am Abend nur Salat gibt. Psychologen bestätigen, dass diese vorweggenommenen Entscheidungen unsere Entschlusskraft, einmal auf die Probe gestellt, stärken können.

21. Umgeben Sie sich mit Großartigkeit

Im Englischen klingt es flüssiger: *Surround yourself with excellence*. Was schon der legendäre Golflehrer Harvey Penick wusste (»Wenn du ein guter Golfer werden willst, geh mit guten Golfern frühstücken«), bestätigen zahlreiche psychologische Studien. Und auch ich merke beim Krafttraining den Unterschied, ob ich in einem blitzeblanken Münchner Prominenten-Fitnesscenter trainiere, wo Schwitzen ausdrücklich unerwünscht ist, oder im Fitnessstudio in Radenthein im tiefsten Kärnten, wo die Söhne von Bergbauern und Holzfällern tonnenweise Hanteln drücken.

22. Geben Sie alles ...

»Wie viele Sit-ups ich mache? Keine Ahnung, ich zähle erst, wenn es anfängt, weh zu tun.« (Muhammad Ali, Boxweltmeister)

23. ... aber machen Sie sich nicht verrückt

»Wenn Sie es beim ersten Mal nicht schaffen, versuchen Sie es erneut. Wenn Sie es dann immer noch nicht schaffen, geben Sie's auf. Es hat keinen Sinn, sich zum Trottel zu machen.« (W.C. Fields, US-Schauspieler und Drehbuchautor)

Sie wollen loslegen?
Nützliche Adressen und Informationen auf einen Blick

Heilfasten

Ich habe vor Beginn des Heilfastens zwei Ärzte im erweiterten Freundeskreis gefragt. Der erste hat mir abgeraten, der zweite fastet selbst einmal im Jahr. Hier bleibt also nur, es einmal auszuprobieren. Alle Freunde, die ich kenne und es gemacht haben, schwärmen davon. Gesundheitliche Beeinträchtigungen hat keiner erlitten. Buch-Tipp: Dr. med. Hellmut Lützner, »Wie neugeboren durch Fasten« (Gräfe und Unzer. 12,99 Euro), seit Generationen ein Longseller.

Das härteste Fitnesstraining der Welt

Buch-Tipp: »Starting Strength« von Mark Rippetoe; gibt es bei Amazon für rund 44 Euro, das Kindle eBook sogar schon für 8,95 Euro. Als Ergänzung empfiehlt sich Rippetoes »Strong Enough? Thoughts on Thirty Years of Barbell Training«, ca. 28 Euro.

Laufen

Der Buchmarkt ist voller Lauf-Bücher. Ein Rat, der mir sehr viel geholfen hat: Wechseln Sie in den ersten Tagen und Wochen Gehen und Laufen ab, sonst kommen Sie zu schnell aus der Puste und verlieren die Lust. Wer will schon nach 500 Metern keuchend umdrehen?

Das Gesamtwerk Shakespeares lesen

Die Gesamtausgabe aller Werke Shakespeares in der Übersetzung von August Wilhelm Schlegel, im Aufbau Verlag erschienen, kostet nur 49,95 Euro, sicher eine gute Investition für jeden Literaturliebhaber. Ich will aber nicht verhehlen, dass mir das Buch »Shakespeare für Dummies« (mitp, 8,90 Euro) den Einstieg in das Vorhaben mit vielen Hintergrundinformationen sehr erleichtert hat.

Karate

Online zum Schwarzen Gürtel geht es hier entlang: www. kevinhurricanehudson.com. Wie beschrieben, kostet das virtuelle Dojo 29,95 Dollar, zahlbar per Kreditkarte. Dazu bietet Kevin noch weitere nützliche Online-Bücher an, etwa über vernünftige Dehnübungen für Karatetechniken (8,99 Dollar), angesichts meiner Beweglichkeit eine bitterlich nötige Zusatzinvestition.

Lachtherapie

Das liebevoll gemachte Hörbuch »All You Need Is Laugh« (Komplett-Media, 2 CDs, fünf Sprecher, 14,95 Euro) ist auch dann ein guter Kauf, wenn Sie sich einfach nur ein wenig amüsieren wollen. Es muss ja nicht gleich alles »Therapie« sein. Übrigens: 50 Cent pro Album gehen an das Happy-Mind-Village, ein von Heiner Uber aufgebautes Ökologie-Projekt in Südindien. Mehr darüber unter www.happymind.com.

Kunsttherapie

Professionelle Kunsttherapie bietet beispielsweise Tanja Rathjen an (coaching&ART, Nelkenstieg 4, 21643 Beckdorf, Tel. 04167/9 20 85, www.coaching-and-art.de).

Kochtherapie

Therapeutisches Kochen wird in Deutschland (Stand Juni 2012) noch nirgends angeboten – aber ein ganz normaler Kochkurs tut es ja auch. Mein Tipp: Irgendwas mit Pasta-kneten, das baut herrlich Aggressionen ab. Es bietet sich also die italienische Küche an. Wer es mit dem nächsten Urlaub verbinden will, dem sei die Stile Mediterraneo Italian Cooking and Wine School der Schwestern Cinzia und Marika Rascazzo in Apulien empfohlen: Die zahlreichen angebotenen Kurse dauern von einem bis sieben Tage und haben, je nach Saison und Wunsch, verschiedene Schwerpunkte, auch mit Italie-nisch-Stunden. Preisbeispiel: Vier Tage mit zwei Kochkursen (auf Englisch), einer Weintour samt Degustation mit Somme-lier, einer Olivenöl-Tour und zwei Abendessen ab 499 Euro, mit Romantik-Hotel in Lecce und Transfers ab 850 Euro, www.italycookingcourses.com

Glückstagebuch

Stift, Zettel, loslegen – die simpelste Form, ein besserer Mensch zu werden. Ein nicht zu unterschätzender psychologischer Effekt: Besorgen Sie sich ein schönes Notizbuch, und schreiben Sie mit einem schönen Füllfederhalter. Das wertet auch den simplen Kram, den Sie, wie ich, unweigerlich schreiben werden, etwas auf.

Krieger-Diät

Buch-Tipp: »The Warrior Diet« von Ori Hofmekler, das Kindle eBook kostet 7,43 Euro.

Horoskop-Beratung

Leslie Rowe ist am besten per E-Mail zu erreichen (mail@leslierowe.de). Eine zweistündige Beratung kostet 250 Euro.

Fliegenfischen

Kompliziert. Zumal man Erlaubnisse braucht. Erkundigen Sie sich im Angel-Shop Ihrer Stadt, dort werden Anfänger- und Schnupperkurse angeboten.

Hochfrequenztraining

Buch-Tipp: Christian Zippel hat ein sehr anregendes Buch über das häufige, schwere Gewichtetraining geschrieben: »HFT – Hochfrequenztraining & Auto-Regulation: Das kybernetische Trainingssystem für beschleunigten Muskelaufbau, deutlichen Kraftzuwachs, rapiden Fettverlust« (Novagenics, 24,95 Euro). Sein zweites, ebenfalls lesenswertes Buch hat einen ähnlich prächtigen Titel: »Der Wille zur Kraft: Die zehn Gebote kompromissloser Leistungssteigerung in Bodybuilding und Kraftsport« (Novagenics, 19,95 Euro).

The Secret

Was den Erfolg angeht, gewissermaßen der Harry Potter der Esoterik-Literatur: Kaufen Sie sich das Buch und glauben Sie ganz fest daran: Rhonda Byrne, »The Secret – Das Geheimnis«, Arkana, 16,95 Euro, als Hörbuch 17,99 Euro.

Yoga

Gibt es noch ein Fitnessstudio, das keine Yoga-Kurse anbietet? Giuseppe unterrichtet in Apulien, aber den weiten Weg müssen Sie nicht fahren. Wenn doch: Giuseppe bietet die Kurse im Hotel Masseria Torre Coccaro an, www.masseriatorrecoccaro.com.

Buch-Tipp: »Yoga für mich« von Angéla Sirtlan (Südwest, 19,99 Euro) hat mir als Anfänger ein wenig den Schrecken genommen. Vor allem, weil ich in anstrengenden Momenten über den hübschen Akzent auf dem Vornamen der Autorin nachdenken konnte. Und weil der Akzent in den neueren Auflagen der Bücher fehlt. Ja, über all das kann man trefflich nachdenken, wenn man in der Kranich-Position zittert.

Ein Monat ohne Alkohol

Heiraten Sie, wenn Sie das vorhaben, nicht in eine italienische Familie ein.

Auf einer einsamen Insel

Die sieben Inseln in der Lagune von Grado zwischen Venedig und Triest sind erst seit April 2012 als Hotel zugelassen. Die Webseite www.lagunadoro.it ist noch erfrischend unvollständig, aber das sollte sich bis zum Erscheinen des Buches geändert haben. Wenn nicht: Ich übernachtete auf der Insel Valle del Moro, Preise und Informationen gibt es auch unter Tel. 0039-0431-85557 oder info@gradese.it

Bei einer Gesundbeterin

Maria lebt in Savelletri, einem Fischerdorf in Apulien. Zumeist sitzt sie vor ihrer Tür. Der Ort ist klein, fragen Sie nach Zia Maria. Sie hat, Überraschung, keine Website.

Vegetarier sein

Ich werde noch einen Versuch starten, daher halte ich mich mit Ratschlägen tunlichst zurück. Die wirklich bemerkenswerte Diskussion über Veganer und Wein fand ich im Forum der österreichischen Webseite www.vegan.at

Meditation

Richard Gere, Tina Turner und Clint Eastwood tun es – und nach einer Studie streben bis zu 40 Prozent aller Deutschen danach, Meditation zu lernen. Kurse sind nicht nötig, drei Minuten am Tag Besinnung reichen. Wer diesen Schritt gemeistert hat, ohne einzuschlafen, findet nahezu in jedem Gemeindezentrum Gleichgesinnte.

Bei der Kartenleserin

Die Kartenleserin Grazia lebt ebenfalls in Savelletri, dem apulischen Fischerdorf – ein richtiges spiritistisches Zentrum! Kontakt zu ihr findet man folgendermaßen: Sie hilft täglich im Restaurant »Da Felisiano« in Savelletri aus. Und sonst hilft auch hier Durchfragen.

Feng Shui

Buch-Tipp: Das Standardwerk der vernünftig geleiteten Energieströme »Feng Shui heute« von Thomas Fröhling und Katrin Martin-Fröhling (Goldmann, 9,90 Euro). Unglaublich: Bei Amazon gibt es eine eigene Bestsellerliste nur mit Feng-Shui-Büchern, die mehr als 100 Titel umfasst.

Tao

Buch-Tipp: Wayne Dyer, »Übe dich im Nichttun, und alles fügt sich zum Guten« (Arkana, 19,99 Euro). Der verführerische Titel ist Programm.

Um die ganze Welt des
GOLDMANN-*Sachbuch*-Programms
kennenzulernen, besuchen Sie uns doch
im **Internet** unter:

www.goldmann-verlag.de

Dort können Sie
nach weiteren interessanten Büchern *stöbern*,
Näheres über unsere *Autoren* erfahren,
in *Leseproben* blättern, alle *Termine* zu Lesungen und
Events finden und den *Newsletter* mit interessanten
Neuigkeiten, Gewinnspielen etc. abonnieren.

Ein *Gesamtverzeichnis* aller Goldmann Bücher finden
Sie dort ebenfalls.

Sehen Sie sich auch unsere *Videos* auf YouTube an und
werden Sie ein *Facebook*-Fan des Goldmann Verlags!

www.goldmann-verlag.de
www.facebook.com/goldmannverlag